大学受験のための

英文熟考

［改訂版］

竹岡広

著

別冊

旺文社

大学受験のための

英文熟考

［改訂版］

熟考編（問題，語句チェック）

もくじ

第1回

①

解答・解説▶p. 10

Our years of protest have finally brought about changes in the law.

②

解答・解説▶p. 12

The Japanese language has throughout its history accepted with comparative ease many words from other languages.

次の英文の日本語訳を書きなさい。そのとき，あなたが英文をどう読みとったのかがよく伝わるようにすること。語句の意味が分からない場合は，次のページにヒントがありますので，参考にしてもかまいません。

③

解答・解説▶p. 14

The amount of paper produced and consumed in our country is increasing every year.

④

解答・解説▶p. 16

In Australia, people called Aborigines regarded the rainbow snake as one of the creators of the earth.

語句チェック 

①

▶ **years** [jɪərz] **of 〜** 熟 **何年もの〜**　類例としてhours of 〜「何時間もの〜」，ten years of 〜「10年の〜」。

▶ **protest** [próutest] 名 **抗議**　名詞と動詞は同形ですが，名詞の場合には前にアクセント，動詞の場合には後ろにアクセント [prətést] という，いわゆる「名前動後」の単語です。Protestant「プロテスタント」はキリスト教の一派で，16世紀に神聖ローマ帝国へ宗教改革を求める「抗議書」を送ったことからそのような名前がつきました。

▶ **changes** [tʃéɪndʒɪz] **in 〜** 熟 **〜の変化**　これは意外と難しい表現です。空所補充問題でこのinが問われると難しいですね。「〜の中における変化」→「〜の変化」となります。

▶ **law** [lɔː] 名 **法律**　いわゆる「法律」の意味ですが，the law of gravity「重力の法則」のように，「法則」という意味でも使えますので覚えておいてください。

②

▶ **the Japanese language** [lǽŋgwɪdʒ] 名 **日本語**　単にJapaneseだけでも「日本語」の意味にはなりますが，もしlanguageを後ろにつけるならtheが必要となります。theには名詞を特定する働きがあるからです。言語を「日本語」として特定していると考えます。同じように「英語」も，Englishとするか，あるいはthe English languageとします。

▶ **throughout** [θruːáut] **〜** 前 **〜を通してずっと**　throughoutの後ろには「場所」あるいは「時」を表す名詞が置かれるのが普通です。throughout Japanなら「日本中で」の意味となり，throughout the winterなら「冬の間ずっと」の意味となります。元々はthrough 〜 前「〜を通して」に「最後まで，徹底的に」を表す強調のoutがついた形です。

▶ **accept** [əksépt] **〜** 他 **〜を受け入れる**　「(申し出や招待) を受け入れる」の意味から，「(ある考え方など) を受け入れる」まで幅広く使えます。accept *A* from *B*で「BからAを受け入れる」の意味です。

▶ **comparative** [kəmpǽrət̬ɪv] 形 **比較的な**　compare *A* with *B*「AをBと比較する」のcompare 〜 他 の形容詞形です。日本語でも「比較的 (＝結構) うまくいった」と言いますが，これと同じような意味で使われます。ただ，comparativeは形容詞ですから，後ろには名詞を従えます。

▶ **ease** [iːz] 名 **簡単さ，容易さ**　easy 形「簡単な」の名詞形がeaseです。しばしば

withを伴ってwith easeで用いられますが，この場合には「簡単に」（＝easily 副）の意味です。なお，その反意熟語はwith difficulty「苦労して」です。

③

▶ **amount** [əmáunt] **名 量** 《the amount of＋数えられない名詞》の形で「～の量」の意味です（以降，この本では数えられない名詞を不可算名詞と呼びます）。《the number of＋数えられる名詞の複数形》とセットで覚えておいてください。また《a large amount of＋不可算名詞》の場合には，a lot of ～「多くの～」と同じ意味になることも重ねて覚えておいてください。なお，不可算名詞というのは，一定の形のないもの（air「空気」，water「水」，happiness「幸福」）や総称として使うとき（money「金」，work「仕事」）などを指します。

▶ **produce** [prədjúːs] **～ 他 ～を生産する** pro-は「前方」を示す接頭辞（単語の構成要素。語の前について意味を添えるもの）で，-duceは「導く」の意味です。「～を前方に導く」から今の意味になりました。

▶ **consume** [kənsjúːm] **～ 他 ～を消費する** con-（＝altogether）「みんな」＋-sume「取る」→「みんな取る」から，今の意味になりました。日本語と同様に「紙や水を消費する」や「電力を消費する」など幅広く使えます。なお消費税のことをconsumption taxと言います。consommé「コンソメ（牛と野菜のエキスをみんな取ってできたもの）」も同系語です。

▶ **increase** [ɪnkríːs] **自 増加する** 音楽用語にcrescendo「クレッシェンド（次第に強く）」というのがありますが，increaseのcreaseはこれと同じ語源です。最後の-seは[s]と発音し，[z]ではありませんので注意してください。

④

▶ **call** [kɔːl] ***O C*** **熟 OをCと呼ぶ** I called Tom yesterday.は「私はトムに昨日電話した」という意味です。People often call Thomas$_O$ Tom$_C$.ならば「人々はトーマスをトムと呼ぶことが多い」となります。

▶ **regard** [rɪgáːrd] ***O*** **as** ***C*** **熟 OをCとみなす** regard ～ 他は，元は「～を見る」の意味の動詞です。

▶ **creator** [kri(ː)éɪṭər] **名 創造主** create ～は「～を創造する」という意味の他動詞です。playに-erをつけると「プレイヤー，競技する人」の意味になるのは知っていますね。一般に-erをつけると「～する人」の意味になるわけです。ただしcoordinateやdemonstrateのような-ateで終わる動詞から「～する人」をつくる場合には-atorに変わってしまいますので注意が必要です。

▶ **the earth [Earth]** [əːrθ] **名 地球，世界，地上** 天体としての地球という意味に加えて，広く「この世」を指すときにも使います。

熟考編　第2回　⑤>>>⑧

解答・解説▶p. 18

The issue of obesity rarely discussed before has attracted more public attention because of the documentary film.

⑥

解答・解説▶p. 20

In order to promote his products, Sir Thomas Lipton had men dressed as Indians march through the city with placards.

次の英文の日本語訳を書きなさい。そのとき，あなたが英文をどう読みとったのかがよく伝わるようにすること。語句の意味が分からない場合は，次のページにヒントがありますので，参考にしてもかまいません。

⑦

解答・解説▶p. 22

You may have received a notice of acceptance to the university, but you will have to submit a number of documents before you can be officially admitted as a student.

⑧

解答・解説▶p. 24

When I asked the college student if he could talk about Japanese literature he was at a loss for an answer.

語句チェック

⑤

▶**issue** [íʃuː] 名 **問題**　議論の主題や社会の関心の的となる問題のこと。例えば，the issue of human rights「人権問題」，the issue of global warming「地球温暖化問題」など。raise / take up the issue of ～ で「～の問題を取り上げる」。

▶**obesity** [oubíːsəṭi] 名 **肥満**　不健康なほどの病的な肥満を指します。形容詞形 obese「肥満の」は，ob-「～に反して」＋ -ese（＝ eat）「食べる」→「自分の取り決めなどに反して食べる」からできた単語です。obesity diet「食事療法」，morbid obesity「病的肥満」など医学的な話題ではfatなどではなくこちらを使います。

▶**rarely** [réərli] 副 **めったに～（し）ない**　notの位置に置かれ，文脈によって「ほとんどあり得ない」から「さほど頻繁ではない」までを意味します。

▶**attract** [ətrǽkt] **attention** [əténʃən] 熟 **注意を引く**　attract ～ 他 は「～を近くに引き寄せる」が元の意味です。同じ-tractに「分離」のdis-をつけるとdistract ～ 他「～をそらす」となります。

▶**documentary** [dà(ː)kjuménṭəri] **film** [fɪlm] 名 **記録映画**　作りものではなく事実をそのまま記録した映画のことです。名詞形のa documentは「（公の）文書，記録」の意味です。

⑥

▶**promote** [prəmóut] **～** 他 **～（の販売）を促進する**　名詞形を使ったa promotion videoは「販売促進用ビデオ」のことです。また，この動詞は「人を昇進させる」の意味にもなります。

▶**product** [prá(ː)dʌkt] 名 **製品**　produce ～ 他「～を生産する」の名詞形には2種類あります。一つはproductionで，これは「生産（すること）」という意味です。制作会社のことを「プロダクション」と言いますね。もう一つがproductで，こちらは「生産したもの」という意味です。

▶**men** [men] 名 **従業員**　a manは，普通は「男性」ですが，少し古い英語では「人」の意味になります。そして複数形の場合には「従業員」という意味をもつこともあります。日本語でも「うちの若い衆」と言う場合には「部下」のことを指しますね。

▶***be* dressed** [drest] **as ～** 熟 **～のような服を着ている**　dress ～ 他 は，元は「～に服を着せる」という意味です。それが受動態になったのが*be* dressedという形です。

▶**march** [mɑːrtʃ] 自 **行進する**　童謡の『おもちゃのマーチ』を知っているでしょう。

この日本語の「マーチ」は「行進曲」という名詞で使われていますが，元は「行進する，進撃する，デモ行進する」という意味です。

7

▶ **notice** [nóuṭəs] **名 通知書**　noticeは「通知」の意味では不可算で「通知書」の意味では可算名詞です。without noticeなら「予告なく」の意味です。

▶ **acceptance** [əkséptəns] **to ～ 熟 ～への受諾・合格・採用**　acceptanceはaccept ～ 他「～を受け入れる」の名詞形です。

▶ **submit** [səbmít] **～ 他（書類など）を提出する**　sub-「下」＋ -mit「送る」からできた単語で，元は「(机の下からこっそり)～を渡す」の意味でした。

▶ **a number** [nʌ́mbər] **of ～ 熟 いくつもの～**　主にアメリカでは「多くの」の意味でも使いますが，特に数が多いというわけではないが，意外と多い場合にも使われます。「多くの～」とはっきり言いたい場合はa large number of ～ とします。

▶ **admit** [ədmít] **～ 他 ～の入学［入場など］を認める**　ad-「方向性」+ -mit「送る」→「何かが入ることを認める」というイメージの単語です。「(自分のミスなど)を認める」の意味でも使います。

8

▶ **college** [kɑ́(:)lɪdʒ] **student 名 大学生**　「寝台特急」=「寝台」+「特急」のように，《名詞 + 名詞》で一つの名詞をつくることがありますね。これと同じことが英語にも当てはまります。「数学のテスト」ならa math test,「小学校の先生」ならan elementary school teacherという具合です。意外と生徒さんからの質問が多い事項なのですよ。

▶ **talk** [tɔ:k] **about ～ 熟 ～について話をする**　talkは「誰かと話をする」というイメージの単語です。原則は自動詞ですから「～について」にはaboutを必要とします。「アンと」と言いたい場合にはwith / to Anneのようにwith / toを必要とします。

▶ **literature** [líṭərətʃər] **名 文学**　letterと同語源で，元は「書かれたもの」という意味です。ほとんどの場合「文学」でよいのですが，まれに「文献」と訳さなければならない場合がありますので注意してください。

▶ ***be* at a loss** [lɔ(:)s] **for ～ 熟 ～を求めて途方に暮れる**　lossはlose ～ 他「～を失う」の名詞形で「失うこと」。そこから「心を失うこと」→「呆然(ぼうぜん)とすること」に発展します。atは一時的な状態を示し，at a lossで「呆然とする状態で」です。またfor ～ は,「～を求めて」という意味をもちます。look for ～「～を求めて見る」→「～を探す」のforも同じです。本問のwas at a loss for an answerは「答えを求めて途方に暮れた」→「答えに窮した」「答えに詰まった」という意味です。

⑨

解答・解説▶p. 26

Whether you can get a good job or not depends on how well you can express yourself at a job interview.

⑩

解答・解説▶p. 28

Whether at an elementary or high school level, one sign of a good teacher is whether he or she can find out a student who is in trouble and help that student get out of it.

次の英文の日本語訳を書きなさい。そのとき，あなたが英文をどう読みとったのかがよく伝わるようにすること。語句の意味が分からない場合は，次のページにヒントがありますので，参考にしてもかまいません。

⑪

解答・解説▶p. 30

Jimmy sometimes makes me angry. The thing that annoys me is not what he says but the way he says it.

⑫

解答・解説▶p. 32

For the first time in history, advances in science and technology have brought within reach what was once only a dream for hundreds of millions of people.

語句チェック ⑨>>>⑫

⑨

▶ **get a job** [dʒɑ(:)b] 熟 **職を得る，就職する**　日本語で「就職する」と言うときよりも，もう少し広い意味をもち，正社員に限らずアルバイトの場合でも使えます。

▶ **depend** [dɪpénd] **on ～** 熟 **～で決まる**　元々はpendant「ペンダント」と同じ語源で「ぶら下がる」という意味です。人が主語になってI depend on those around me.と言えば「私は周りの人に頼っている」という意味になりますが，Whether or not you succeed depends on how much effort you put in.のように，人以外が主語の場合には「成功は努力で決まる・努力次第だ」とする方が適しています。臨機応変に対応してください。

▶ **express** [ɪksprés] ***oneself*** 熟 **自分を表現する**　「自分の気持ちを表現する」なら express *one's* feelings となり，「自分の意見を表現する」なら express *one's* opinionsとなります。express *oneself*はこのどちらの意味も含みます。

▶ **job interview** [ínṭərvjù:] 名 **（入社試験の際の）面接**　日本語の「インタビュー」は，記者やレポーターが芸能人やスポーツ選手にマイクを向けるというイメージがありますが，英語の場合はinterview単独でももう少し意味が広く「（入学・入社試験の）面接」と言うときにも用いられます。

⑩

▶ **elementary** [èlɪménṭəri] **school** 名 **小学校**　elementは「基本的な要素」の意味ですから，elementary schoolは，「初歩的なことを教える学校」ということです。なお，イギリス英語ではprimary「初歩の」schoolとなります。

▶ **sign** [saɪn] 名 **しるし**　日本語にするのが難しい単語です。例えばat the first sign of troubleの直訳は「面倒の最初のしるしで」ですが，「面倒なことになりそうになったら」とすると自然です。show signs of recoveryなら，直訳「回復のしるしを示す」より「回復の兆しが見られる」が自然です。本問では，「よい教師のしるし」よりも，思い切って「よい教師とは……で決まる」くらいにとることもできます。

▶ ***be*** **in trouble** [trʌ́bl] 熟 **困っている**　直訳すると「困難の中にいる」ですが，「困っている」「苦しい状況である」などの意味にとればよいでしょう。

▶ **help＋人＋(to)（*V*）** 熟 **人が～するのを手伝う**　現在ではto（*V*）のtoは省略されるのが普通です。日本語でも，「学校へ行く？」と尋ねる意味で「学校行く？」と助詞を省くことがあるのに似ていますね。

⑪

▶ **angry** [ǽŋgri] **形 怒っている**　日本語では「怒る」は動詞ですが，英語のangryは形容詞です。ですから「怒っている」という状態を表すときにはbe動詞を補って*be* angryとし,「怒る」という動作を表すときにはget angryとします。本問ではmake me get angryの形からgetが省略されたと考えてください。

▶ **annoy** [ənɔ́ɪ] **〜 他 〜を（ちょっと）怒らせる**　annoyはnoise 名「騒音」の仲間と覚えておいてください。周りが騒々しいとイライラしますが，annoyはちょうどそのような気持ちにさせることです。

▶ **the way *S V* 構 S Vの方法・やり方**　the wayの後ろには関係副詞howが省かれていると考えてください。ただし省略を補ってthe way how *S V*と言うことはありません。the wayかhowのどちらかを必ず省略してthe way *S V*あるいはhow *S V*とします。なお，howの代わりにthatを用いてthe way that *S V*とすることはあります。

⑫

▶ **for the first time 熟 初めて**　for the first time in my lifeなら「生まれて初めて」，for the first time in historyならば「歴史上初めて」となります。「生まれて初めて」はin my lifeが省かれてfor the first timeだけで使われることもあります。なお，at first「最初のうちは」と間違える人が多いので注意してください。こちらはatが「ある時点」を示しますから，「初めの時点ではそうだったけれど後では変わった」ということを示唆する表現です。

▶ **advance** [ədvǽns] **in 〜 熟 〜における進歩**　advance 名は元々は「前進」という意味ですが，特に「科学技術の進歩」の意味で使われることがあります。

▶ **science** [sáɪəns] **and technology** [teknɑ́(:)lədʒi] **名 科学（と）技術**　scienceは理論面に重点があり，technologyは実践面に重点があります。technologyは1語で「科学技術」という訳語を充てることもあります。ちなみに，科学（science）と化学（chemistry）を間違えないようにしてください。

▶ **reach** [riːtʃ] **名 届く範囲**　動詞reach 〜「〜に到達する」は名詞で使う場合もあります。

　You should keep this medicine out of children's reach.
　「この薬は子どもたちの到達できない範囲に保つべきだ」
　　→「この薬は子どもたちの手の届かない所に置くべきだ」

▶ **only** [óunli] **副 〜に（しか）すぎない**　He is only a child.は「彼は子どもにすぎない」という意味です。形容詞のonlyを用いたHe is an only child.「彼は一人っ子だ」とは区別してください。

解答・解説▶ p. 34

Every author tries to convince us, their readers, that what they have to say is true and should be accepted as truth.

⑭

解答・解説▶ p. 38

At first I thought I was lucky to find a good place to see the parade. However, the woman behind whom I was sitting was wearing a big hat, so I could not see anything.

次の英文の日本語訳を書きなさい。そのとき，あなたが英文をどう読みとったのかがよく伝わるようにすること。語句の意味が分からない場合は，次のページにヒントがありますので，参考にしてもかまいません。

⑮

解答・解説▶p. 40

What you see or hear is often defined by the character of the language through which you perceive it.

⑯

解答・解説▶p. 42

The historical clues in the Bible lead researchers to a knowledge of the ancient civilizations in which the Bible was written.

語句チェック ⑬ >>> ⑯

⑬

▶**author** [ɔ́ːθər] **名 作家**　an authorは「本を書くことを職業としている人」のことです。a writerは，「作家」以外にも「書き手」「作曲者」「記者」などの意味で使うこともあります。

▶**convince** [kənvíns] **+人+that *S V* 構 人にSVを確信させる**　convince ～ 他 の名詞形はconvictionですが，-vict-というのは「たたく」という意味です。victoryは「たたいて勝つこと」=「勝利」で，victimは「たたかれた人」=「犠牲者」の意味です。ですからconvinceは元々は，たたきながら「分かったか？」と脅(おど)すイメージの単語ですが，今ではそこまで圧力的なイメージはもっていません。

▶**accept** [əksépt] ***O* as *C* 熟 OをCとして受け入れる**　普通の第5文型の動詞と違い，補語の前にasを必要とする動詞があります。その代表例はregard / seeで，共に「見る」という意味です。asは「～として，～のように」の意味合いで，元々は「～」には比喩(ひゆ)的なものが置かれましたが，今ではそのような限定はありません。accept *O* as truthは「Oを真実として受け入れる」の意味です。本問はこれが受動態になった形です。

⑭

▶**at first** [fəːrst] **熟 最初は**　後で状況が変化することを示唆します。at ten「10時(の時点)では」と同じatです。

▶**parade** [pəréɪd] **名 パレード**　音節が三つ以下の名詞の場合，アクセント（=第1強勢）は一つ目の音節にあるのが普通ですが，この単語は二つ目の音節にあります。arcade「アーケード」も同じアクセントです。

▶**however** [haʊévər] **副 しかしながら**　副詞なので文と文をつなぐことはできません。

× *S V*, however, *S V*.　○ *S V*. However, *S V*.

▶**behind** [bɪháɪnd] **～ 前 ～の背後に，～の後ろに**　反対語はin front of ～「～の正面に」です。

▶**～, so *S V* 構 ～，だからSV**　このsoは，andやbutなどの接続詞と同じ働きと考えます。

⑮

▶ **often** [ɔ́(:)ftən] 副 **しばしば**　頻度を表す副詞です。always「(例外なく) いつも」よりは頻度が低く，sometimes「時々」よりは頻度が高いことを示します。文末で「～が多い」と訳すことも可能です。

▶ **define** [dɪfáɪn] ～ 他 **～を規定する・明確に示す**　de- はここでは強調の働きで，-fin- は「限界」を意味します。「ある限界を定める」というのが元の意味になります。あるものについてその内容を「ここからここまで」と定めるところから，「～を定義する」という訳もよく用いられます。なお -fin- は finish ～ 他「～を終える」，a final 名「決勝戦」などにも見られます。

▶ **character** [kǽrəktər] 名 **性格，性質**　「あるものがもつ性質全体」の意味です。個々の特徴は characteristic で表現します。character は「(小説・漫画などの) 登場人物」という意味ももちます。

▶ **through** [θruː] ～ 前 **～を通じて**　「～を通り抜けて」が基本的な意味です。そこから，手段や理由を表す前置詞として使われます。

▶ **perceive** [pərsíːv] ～ 他 **～をとらえる**　per- は through の意味で，この単語の場合は through the senses「五感を通して」の意味です。-ceive は receive と同じで「受け取る」。「五感を通して受け取る」から，「認識する，とらえる」という訳語が出てきます。「～を知覚する」と訳すこともありますが，まれです。

⑯

▶ **historical** [hɪstɔ́(:)rɪkəl] 形 **歴史の，歴史的な**

▶ **clue** [kluː] 名 **手がかり**　通例，a clue to ～「～の手がかり」という形で用います。

▶ **the Bible** [báɪbl] 名 **聖書**　キリスト教では the Old Testament「旧約聖書」と the New Testament「新約聖書」から成ります。

▶ **lead** [liːd] ***A* to *B*** 熟 **AをBへ導く**　文字どおり，「AをBまで連れて行く」という意味から，抽象的に「AがBの状態になるように仕向ける」という意味まで幅広く使えます。なお lead の過去形・過去分詞形は led [led] です。

▶ **researcher** [rɪsə́ːrtʃər] 名 **研究者**　research「研究」をする人のことです。

▶ **ancient** [éɪnʃənt] 形 **古代の**　西洋史では，通例西ローマ帝国の滅亡 (西暦476年) までを指します。

▶ **civilization** [sìvələzéɪʃən] 名 **文明**　「文明」は，狭い意味では，技術の発展を中心とする物質面の成果を指します。culture「文化 (人間の精神的な活動の成果)」と区別しておいてください。

第5回

⑰

解答・解説▶p. 44

Advances in science of which we are proud have placed in the hands of our generation the power to destroy the whole of humankind.

⑱

解答・解説▶p. 46

Questions of crime and punishment are frequently discussed as if they bore no relation to the social system in which the problems occur.

次の英文の日本語訳を書きなさい。そのとき，あなたが英文をどう読みとったのかがよく伝わるようにすること。語句の意味が分からない場合は，次のページにヒントがありますので，参考にしてもかまいません。

⑲

解答・解説▶p. 48

Your success as an architect depends on the extent to which you are able to absorb the best of traditional architecture, and make it your own.

⑳

解答・解説▶p. 50

Knowing something about the techniques writers use to write more effectively helps readers to understand what they are trying to say in their works.

語句チェック

⑰

▶**advance** [ədvǽns] **in ～** 熟 **～における進歩** ➡⑫参照

▶***be* proud** [praʊd] **of ～** 熟 **～を誇りに思っている** 《*be*＋形容詞＋of ～》の形をとる形容詞は数多く存在します。例えば，*be* sure of ～「～を確信している」，*be* afraid of ～「～を恐れている」，*be* ignorant of ～「～を知らない」などです。この場合のofは「～を」という日本語に対応しています。

▶**place** [pleɪs] **～＋〈副詞〉** 他 **(…に) ～を置く** 名詞のplace「場所」は有名ですが，動詞の用法もあります。「どこへ置くのか」を示す副詞を伴うことを併せて覚えておいてください。

▶**generation** [dʒènəréɪʃən] 名 **世代** およそ30年間ぐらいを指します。世代間の感覚や考えの相違を表す「ジェネレーション・ギャップ」でおなじみですね。

▶**humankind** [hjù:mənkáɪnd] 名 **人類** 「人類全体」を論じる文で登場します。昔はmankindも使われていましたが，現在では性差のない表現としてhumankindの方が一般的です。

⑱

▶**crime** [kraɪm] 名 **犯罪** 漠然とした「犯罪（全般）」の場合には不可算名詞扱い，具体的な「個々の犯罪」と言う場合には可算名詞の扱いでa crimeとします。commit a crimeで「罪を犯す」です。

▶**punishment** [pʌ́nɪʃmənt] 名 **刑罰** 動詞の《punish＋人＋for ～》は「～のために・理由で人を罰する」という意味です。その名詞形のpunishmentは「罰すること」が基本的な意味ですが，さらに「刑罰」という硬い意味でも用いられます。

▶**discuss** [dɪskʌ́s] **～** 他 **～を議論する** 他動詞ですから直後に目的語をとります。

▶**bear** [beər] **no relation** [rɪléɪʃən] **to ～** 熟 **～と関係がない** bearの基本的な意味は「(何か重たいものを背負うようにして) ～を持つ」です。can't bear ～ で「～が持てない」→「～に耐えられない」という訳語が充てられることがあるので注意です。relationは，主に感情を含まない客観的な「関係」を指し，国家間の「関係」などで使われることが多い単語です。

⑲

▶ **architect** [ɑ́ːrkɪtèkt] 名 **建築家** architectureなら「建築（様式）」という名詞です。-tで終わる単語は「人」を表すものが多いですね。例えば，pianist「ピアニスト」，violinist「バイオリン奏者」，scientist「科学者」，astronaut「宇宙飛行士」，tourist「旅行者」などです。

▶ **depend** [dɪpénd] **on ～** 熟 **～で決まる** 主語に「人」以外がくるときには，「頼る」ではなく「決まる」と考えるとうまくいきます。

▶ **absorb** [əbzɔ́ːrb] **～** 他 **～を吸収する** 車のサスペンションについている「緩衝材（物体がぶつかって破損するのを防ぐために間に挟むもの）」のことをshock-absorber 名 と言います。

▶ **traditional** [trədíʃənəl] 形 **伝統的な** tradition 名「伝統」の形容詞形です。日本語のカタカナ表記ではmental「精神的な」，medical「医学の」などの形容詞を名詞と勘違いして使っている場合があるので注意してください。「メンタルを鍛える」は× develop *one's* mentalではなく develop *one's* mental strengthです。

⑳

▶ **know something about ～** 熟 **～のことをある程度知っている** know *A* about ～ は，*A*に「知っている程度」を示す語が入ります。例えばknow nothing [everything] about ～「～のことを何も知らない［何でも知っている］」などです。

▶ **technique** [tekníːk] 名 **技法** 主に芸術関係の記述で使われる単語です。アクセントの位置に注意してください。unique「唯一無二の」，antique「骨董（こっとう）の」なども同じアクセントの位置です。本問の「作家が使う技法」とは，例えば，暗喩（あんゆ）・隠喩（いんゆ）などの比喩（ひゆ），あるいは擬人法（ぎじんほう）などが考えられます。

▶ **effectively** [ɪféktɪvli] 副 **効果的に** effective 形 は「はっきりとした効果が現れる」の意味です。例えばan effective medicineと言えば「よく効く薬」です。これに-lyがついたeffectivelyは副詞で，「効果的に」の意味です。speak effectivelyと言えば，「聴衆が話の内容をはっきり分かるように話す」という意味になります。

▶ **help** [help] **＋人＋（to）（*V*）** 熟 **人が～するのに役立つ** 主語が人なら訳は「助ける」でもいいのですが，主語が物事の場合には「役立つ」という表現が適しています。《help＋人＋原形不定詞（*V*）》になることも多いので覚えておいてください。

▶ **work** [wəːrk] 名 **作品** workは，勉強，家事，スポーツ，労働など活動全般を指します。この場合には不可算名詞の扱いでaをつけることはありません。homework「宿題」，housework「家事」なども不可算名詞です。一方，a workは「活動の結果生じたもの」→「作品」という可算名詞となることに注意してください。

解答・解説▶ p. 52

I have always wondered at the passion people have to buy souvenirs when they are in tourist spots.

22

解答・解説▶ p. 54

The power humans have acquired through their science and technology has sometimes been abused.

次の英文の日本語訳を書きなさい。そのとき，あなたが英文をどう読みとったのかがよく伝わるようにすること。語句の意味が分からない場合は，次のページにヒントがありますので，参考にしてもかまいません。

㉓

解答・解説▶p. 56

All the doctors and scientists in that country want to do is to prevent bird flu from spreading.

㉔

解答・解説▶p. 58

The impression a child receives from his or her environment during the first years of life influences his or her intellectual development and character.

語句チェック ㉑>>>㉔

㉑

▶ **always** [ɔ́:lweɪz] 副 **いつも** 「例外なくいつも」の意味です。usually「(例外はあるが) いつもは」とは区別してください。なお語尾の -s は副詞をつくる接尾辞です。

▶ **wonder** [wʌ́ndər] **at ～** 熟 **～を不思議に思う** wonderは，wonder if / whether *S V*「S Vかしらと思う」がよく出てきます。本問ではat ～ を伴っていますから「～に対して不思議に思う」の意味です。wonderは名詞も同形で，「不思議，驚き」の意味です。

▶ **passion** [pǽʃən] 名 **情熱** 「欲望」や「怒り」や「信仰」など，強く深い感情のことです。have a passion for ～ は「～が大好きだ」という意味です。これはforが「～を求める」を表し，「～を求める情熱をもっている」ということからきています。

▶ **souvenir** [sù:vəníər] 名 **土産** sou- はsub-「下」の変形で，-ven- は「来る」。そこから「心の奥底に入ってくるもの」→「(旅行や催し物の) 記念品」の意味になりました。a souvenirは「土産もの」とも訳せますが，日本語と違い，普通食べ物は含まれませんので注意してください。

▶ **tourist** [túərəst] **spot** [spɑ(:)t] 名 **観光地** spotは「(楽しい時間を過ごせるような) ある (比較的狭い) 場所」の意味です。

㉒

▶ **power** [páuər] 名 **力** 権力，政権，権限，能力，強国，体力，(レンズの) 倍率など幅広い用途がある語です。

▶ **human** [hjú:mən] 名 **人間** 動物やロボットなどと対比される文脈でしばしば使われます。可算名詞です。形容詞も同形のhuman「人間の」です。

▶ **acquire** [əkwáɪər] **～** 他 **～を身につける** 目的語には，知識・技術・能力など努力して獲得するものが置かれます。get ～「～を得る」よりは硬い言葉で，使える範囲が狭くなります。require ～「～を要求する」と間違いやすいですが，requireはrequest ～「～を要求する」と形が似ているので，それと一緒に覚えてください。

▶ **science** [sáɪəns] **and technology** [tekná(:)lədʒi] 名 **科学(と)技術** ➡ ⑫参照

▶ **abuse** [əbjú:z] **～** 他 **～を悪用する** ab- はawayの意味で，例えばabsent 形「どこかにいっている」→「ない」や，abnormal 形「normalから離れている」→「普通ではない，異常な」があります。abuseは，常軌を逸してuse ～「～を使用する」という意味の語です。現在では，名詞のabuse [əbjú:s] を用いたchild abuse「幼児虐待(ぎゃくたい)」

という熟語をよく目にします。

㉓

▶ **prevent** [prɪvént] ～ **他～を予防する**　pre-「あらかじめ」＋-ven-「来る」から「先回りする」こと。そこから「～を予防する」という意味に発展しました。この-ven-を含む単語として有名なのはinvent ～ 他 で，in-「中へ」＋-ven-「来る」から「～を発明する・考え出す」を意味します。しばしばprevent *A* from *(V)ing*「Aが～するのを予防する，妨げる」という形で用いられます。

▶ **bird flu** [fluː] **名 鳥インフルエンザ**　fluはinfluenzaの省略形。flu-は「流れる」という意味をもち，fluent 形「流れるような」→「流ちょうな」，influence 名「中へ流れること」→「（主に精神的な）影響」のflu-と同じです。

▶ **spread** [spred] **自 広がる**　「土地や植物などが一面に広がる」と言う場合にも，本問のように「病気やニュースが蔓延（まんえん）する・普及する」と言うときにも使います。また，spread jam on bread「パンにジャムを塗る」，spread a map on the table「テーブルの上に地図を広げる」のように他動詞の用法も多い単語です。過去形・過去分詞形もspreadです。

㉔

▶ **impression** [ɪmpréʃən] **名 印象**　動詞のimpressはim-「中に」＋-press「押す」が基本の意味で，そこから「人の心にある印象を与える」と発展しています。impressionはその名詞形ですから「印象」という訳語が充てられているのです。

▶ **environment** [ɪnváɪərənmənt] **名 環境**　a family environment「家庭環境」からthe global environment「地球環境」に至るまで多岐にわたって用いられます。「地球環境」の場合は普通，theをつけることも覚えておいてください。

▶ **influence** [ínfluəns] ～ **他～に影響を及ぼす**　in-「中へ」＋-flu-「流れる」から「流れ込んでくる」が原義です。主に，「考え方・思想などが人に影響を及ぼす」という意味で用いられます。名詞も動詞と同形で，アクセントも変わりません。

▶ **intellectual** [ìnṭəléktʃuəl] **形 知的な**　intellect 名「知性」の形容詞形です。intellectualは，intelligent「賢い」と違って，人間にしか用いることのできない形容詞です。

▶ **development** [dɪvéləpmənt] **名 発達**　develop (～) 自他「発達する，～を発達させる」の名詞形です。social developmentは「社会の発展」，scientific developmentは「科学の進歩」の意味です。

▶ **character** [kǽrəktər] **名 人格**　➡ ⑮参照

熟考編 第7回 ㉕ >>> ㉘

解答・解説▶ p. 60

If we view each person we meet in the course of our daily lives as a potential teacher, someone we can learn something from, we will naturally form new, rewarding friendships.

㉖

解答・解説▶ p. 62

Karaoke machines are a wonderful invention. However, the trouble with them is that they only allow you to sing along with them.

次の英文の日本語訳を書きなさい。そのとき，あなたが英文をどう読みとったのかがよく伝わるようにすること。語句の意味が分からない場合は，次のページにヒントがありますので，参考にしてもかまいません。

解答・解説▶ p. 64

That Pluto is far smaller than any other planet in the solar system has been shown by the astronomers.

28

解答・解説▶ p. 66

That children of all classes should obey their elders or teachers was frequently asserted and rarely questioned in the Victorian period.

語句チェック ㉕>>>㉘

㉕

▶ **view** [vjuː] **～ 他 ～を見る** 「(美しいもの，有用なもの) を見る」から「(物事) を見る」に発展します。しばしばview *O* as *C*「OをCと見る」という形で使います。

We view her advice as valuable.

「私たちは彼女の忠告を価値あるものだと見ている」

▶ **in the course** [kɔːrs] **of ～ 熟 ～の間に** 「～が進んでいくうちには」のイメージ。例えばin the course of lifeならば「年をとるにつれて」の意味合いになります。

▶ **potential** [pəténʃəl] **形 将来～になる可能性のある** 本来は「潜在能力のある」の意味ですが，後ろに名詞を伴った場合には注意が必要です。a potential customerなら，ある店にとって「将来客になるかもしれない人」です。

▶ **naturally** [nætʃərəli] **副 自然と** 「(人手によらず) 自然と」の意味です。動詞の直後に置かれた場合には「自然に，ふだんどおりに」の意味になります。act naturally「ふだんどおりに行動する」。

▶ **form** [fɔːrm] **～ 他 ～を形成する** 日本語の「バッティングフォーム」のformです。名詞では「形，形態」ですが，動詞では「～を形にする」→「～を形成する」です。なお名詞では「(型の決まった) 申込用紙」という意味ももちます。

▶ **rewarding** [rɪwɔ́ːrdɪŋ] **形 価値のある，有益な** reward 名 は「見返り，報酬」の意味なので，「見返りがある」が直訳です。a rewarding bookなら「読む価値のある本」の意味です。

㉖

▶ **invention** [ɪnvénʃən] **名 発明 (品)** invent 他「～を発明する」の名詞形です。「発明すること」あるいは「発明したもの」→「発明 (品)」の意味で用います。

▶ **trouble** [trʌ́bl] **with ～ 熟 ～に関する問題** troubleは「面倒な状況」の意味では不可算名詞です。

I have a lot of trouble with my kids. 「私の子どもたちはとても手がかかる」

▶ **allow** [əláu] **＋人＋to (*V*) 熟 人が～するのを許可する・可能にする** -owの発音は [au] ですので気をつけてください。一般に「人」が主語なら「～を許可する」，「もの」が主語なら「～を可能にする」という訳語を選びます。

▶ **along** [əlɔ́(ː)ŋ] **with ～ 熟 ～と並行して** alongは直線的なイメージの副詞あるいは前置詞です。本問では後ろに名詞がないので副詞です。along with ～ は「～と一緒に真っ直ぐに」→「～と並行して」となります。本問で「カラオケと並行して歌う」というのは，「カラオケに合わせて歌う」ということですね。a letter along with a giftなら「贈り物に並行して存在する手紙」→「贈り物を添えた手紙」ということになります。

27

▶ **Pluto** [plúːt̬oʊ] 名 **冥王星**（めいおうせい） 2006年に国際天文学連合により惑星の条件を満たさないと決議され，惑星から外され準惑星になった星。ディズニーキャラクターのプルートはこの星を元に命名されました。

▶ **far** [fɑːr] **＋比較級** 熟 **はるかに〜** far 副の元の意味「遠くに」からこのように発展しました。比較級を強調する副詞ではmuchが有名ですが，farはそれより度合いの強い語です。

▶ **planet** [plǽnɪt] 名 **惑星** 惑星とは簡単に言うと太陽などの恒星のまわりを公転する天体のことです。元はギリシャ語で「放浪者」を表す語が語源と言われています。派生語である「プラネタリウム（planetarium）」に一度くらい足を運んだことがあるでしょう。

▶ **the solar** [sóulər] **system** [sístəm] 名 **太陽系** systemは，(1) 複数の個々の要素から成り，(2) それぞれの要素が互いに関連しており，(3) 全体として一つのカタマリ「系」をつくっているもの，ということです。「太陽系」とは，太陽を中心としたこのようなsystemのことで，現在では八つの惑星から成っています。

▶ **astronomer** [əstrɑ́(ː)nəmər] 名 **天文学者** astro-は「星」のことです。「＊」という星印のことをasterisk「アステリスク」といいますが，これも同系語です。

28

▶ **class** [klæs] 名 **階級** classは，元は「分類」という意味です。今ではあまり見かけませんが，このclassを用いたthe upper class「上流階級」，the lower class「下流階級」も一緒に覚えてください。

▶ **obey** [oubéɪ] **〜** 他 **〜に従う** 「〜」には，目上の人や上司，またはその人たちからの指示・命令などが入ります。

▶ **frequently** [fríːkwəntli] 副 **頻繁に** oftenより硬い表現です。frequent 形「頻繁な」に-lyがついた形です。

▶ **assert** [əsə́ːrt] **〜** 他 **〜と断言する・主張する** 「(何かが真実であるとハッキリ)主張する」という意味です。「朝一と（アサート）断言する」と覚える手もあります。

▶ **question** [kwéstʃən] **〜** 他 **〜に異議を唱える** 意外と難しいと思います。ただ，questionは「〜を疑問に思う」ことなので，そこから「今与えられていることについて納得していない」ととれば上記の訳に結びつきますね。

29

解答・解説▶p. 68

I have come up with an excellent idea. The only trouble is that I do not have enough money to carry it out.

30

解答・解説▶p. 70

It is undeniable that one of the most remarkable social changes in recent decades is that people have become almost totally reliant on social media to communicate with friends and family members.

次の英文の日本語訳を書きなさい。そのとき，あなたが英文をどう読みとったのかがよく伝わるようにすること。語句の意味が分からない場合は，次のページにヒントがありますので，参考にしてもかまいません。

31

解答・解説▶p. 72

Jessica is aware that when I feel lonely, I often spend time by the riverside.

32

解答・解説▶p. 74

Jill felt that because the math exam was over she could play the piano all day.

㉙

▶**come up with ～ 熟（考えなど）を思いつく**　up「上がる」は，基本的に動作や状態の完了を意味すると考えます。日本語でも「上がる」は「干上がる」「仕上がる」などのように完了を表して使われますね。そこからcome upは「やってくる，来た」という感じにとらえます。drink up「飲み干す」やclear up「晴れ渡る」もイメージしてみてください。そしてwith ～は「～と一緒にいる状態」を意味しますから，本問では，全体として「（何もない状態から）私が素晴らしいアイディアと一緒にいる状態までやってくる」となり，結局，上記の意味になります。なお，「～」の部分には，ほとんどの場合an ideaがきますから，come up with an ideaと暗記しておいてください。

▶**excellent** [éksələnt] **形 素晴らしい**　「トムはとても料理がうまい」と言うとき，Tom is a very good cook. よりもこの単語を用いて，Tom is an excellent cook. とした方がカッコいいですね。つまり，excellentはvery goodと同じ意味ですが，ずっとカッコいいわけです。

▶**carry ～ out / carry out ～ 熟 ～を実行する**　「～を外へ運び出す」が原義ですが，「（約束・計画・義務など）を遂行する」「（実験など）を行う」という意味に発展します。《他動詞＋副詞》の熟語なので，代名詞を目的語にする場合は《他動詞＋代名詞＋副詞》の語順しか認められません。

㉚

▶**undeniable** [ʌ̀ndɪnáɪəbl] **形 否定できない**　un-「否定の意味の接頭辞」＋-deni-「＝deny：～を否定する」＋-able「できる」→「否定することができない」からできた単語です。

▶**remarkable** [rɪmɑ́ːrkəbl] **形 顕著な，注目に値する**　mark「印」をre-「再び」つけたくなるくらい「顕著な」「注目に値する」という意味です。

▶**recent** [ríːsənt] **形 最近の**　「ほんの少し前の」「ほんの少し前に始まった」の意味です。副詞形はrecently「最近」です。

▶**decade** [dékeɪd] **名 10年間**　dec-は「10」を表すことがあります。容積の単位のdeciliter「デシリットル」は「1リットルの10分の1」の意味です。December「12月」も，初期のローマ暦では「10月」の意味でした。

▶**totally** [tóuṭəli] **副 全面的に**　total 形「全体の，総計の」の副詞形です。I totally agree with you. なら「私はあなたに全面的に賛成します」という意味です。

▶ **reliant** [rɪláɪənt] **形 依存して**　rely 自「依存している」と同系語です。rely と同様に，on［upon］～「～に」を伴います。

31

▶ ***be* aware** [əwéər] **that *S V* 構 S Vが分かっている**　「(あるものが存在していること）を知っている」という意味です。*be* aware of ～ の形で用いることもあります。

I am fully aware of the drug's significance.
「私はその薬の意義を十分に分かっている」

▶ **lonely** [lóʊnli] **形 寂しい**　普通，形容詞に -ly がつくと副詞をつくります。例えば sudden「突然の」は形容詞ですが，suddenly は「突然（に）」という副詞になります。lonely は，lone「独りきりの」という形容詞に -ly がついたにもかかわらず形容詞ですから，例外的な存在と言えます。名詞＋ly は主に形容詞になります。friendly「友好的な」，heavenly「天国の，素晴らしい」などがあります。

▶ **spend** [spend] **＋時間 熟 (時間) を使う・過ごす**　spend は，「何をどう使うのか」に重点がある単語です。ですからほとんどの場合「どう使ったか，何をしたか」などの内容を伴うことを覚えておいてください。活用変化は spend - spent - spent です。

▶ **the riverside** [rívərsàɪd] **名 河岸，川辺**　side は「脇，側面」の意味なので「川の脇」→「川辺」となりました。the seaside は「海岸，海辺」の意味です。

32

▶ **math** [mæθ] **exam** [ɪgzǽm] **名 数学の試験**　「～の試験」は a ～ exam / a ～ test と言います。examination は「吟味すること」や，「健康診断」「司法試験」などの場面で使うのが普通で，日常会話の中での「試験」の意味ではあまり使いません。

▶ ***be* over 熟 終わっている**　「向こうまで行った」→「帰ってこない」→「終わった」という感じですね。The game is over. は「ゲームが終わった」という意味です。

▶ **play the piano 熟 ピアノを弾く**　この the は「大きな集合の中の部分を対比的に示す働き」です。「対比の the」と言ってもいいでしょう。楽器の中には the guitar「ギター」，the trumpet「トランペット」など様々なものがありますが，そうしたものと対比して the piano「ピアノ」と言う場合に the をつけます。in the morning「午前中に」，in the afternoon「午後に」の the も同様です。

▶ **all day 熟 一日中**　this morning「今朝」，last Sunday「この前の日曜日」などと同様に前置詞は不要です。

㉝

解答・解説▶ p. 76

The scientist has warned that while public attention and scarce government money are concentrated on symbolic animals such as pandas or elephants, many other species are in danger of extinction.

㉞

解答・解説▶ p. 78

Less than half of the expected number returned to the river, despite the fact that twice as many young salmon as usual were released the previous year.

次の英文の日本語訳を書きなさい。そのとき，あなたが英文をどう読みとったのかがよく伝わるようにすること。語句の意味が分からない場合は，次のページにヒントがありますので，参考にしてもかまいません。

解答・解説▶p. 80

The news suddenly reached our dormitory that the principal of our school was going to resign on the grounds of ill health.

解答・解説▶p. 82

Some people seem so confident in their opinions about popular music that we tend to believe whatever they say, even though those opinions may often be completely mistaken.

語句チェック ㉝>>>㊱

㉝

▶ **warn** [wɔːrn] **that** ***S V*** **構 S V と警告する**　-ar- は普通「アー」と読みますが，war- では「オー」です。a war [wɔːr] 名「戦争」や warm [wɔːrm] 形「暖かい」がそうですね。

▶ **public** [pʌ́blɪk] **attention** [əténʃən] **名 世間の注目**　public 形 は「世間の」「公（おおやけ）の」「大衆の」の意味。例えばpublic opinionと言えば「世論」です。attention 名 は「注意」「注目」で，pay attention to ～「～に注意を払う」の熟語も重要です。

▶ **scarce** [skeərs] **形 乏しい**　昔，色々な物資が不足していた時代がありました。そのような「不十分な，乏しい」という意味です。

▶ **concentrate** [kɑ́(ː)nsəntrèɪt] ***A*** **on** ***B*** **熟 AをBに集中させる**　本問では受動態で*A be* concentrated on *B*「AがBに集中されている」ですが，「AがBに集中している」とすると自然ですね。

▶ **symbolic** [sɪmbɑ́(ː)lɪk] **形 象徴的な**　a symbol 名「象徴」の形容詞形です。-icは形容詞をつくる語尾で，heroic「勇ましい」，academic「学問的な」などがあります。

▶ **species** [spíːʃiːz] **名 種（しゅ）**　an endangered species「絶滅危惧（きぐ）種」などの「種」です。単数形も複数形も同形です。

▶ **extinction** [ɪkstíŋkʃən] **名 絶滅**　ex-「外に」+ stinct「刺す」のs-が脱落してできた単語です。ここから「外に出てしまう」のイメージですね。

㉞

▶ **less than +** **数字** **熟 ～未満**　この場合のless thanは，これで一つの形容詞だと考えた方がすっきりします。thanは等号を含みませんから，「～以下」ではなく「～未満」となります。ただし日本語訳では「～以下」としても問題ありません。

▶ **despite** [dɪspáɪt] **～** **前 ～にもかかわらず**　in spite of ～ と同じ意味なのですが，despiteの方が硬い文で使われることが多いようです。

▶ **倍数詞 + as ～ as usual** **熟 いつもより…倍の～**　倍数詞は必ずas ～ asの前に置くことに注意してください。Today I have three times as many books as usual.「今日はいつもの3倍の本を持っている」。この文の元になる文は，Today I have many books.です。そこにthree times as ～ as usualがついたと考えれば簡単です。

▶ **release** [rɪlíːs] **～** **他 ～を放つ**　「人や動物を束縛から解放する」という意味です。release the bird from the cageなら「その鳥を鳥かごから逃がしてやる」という意味です。さらに発展して，release an arrow from the bow「弓から矢を放つ」などでも使えます。釣った魚をあえて逃がすことを「キャッチアンドリリース」といいますね。

35

▶**dormitory** [dɔ́ːrmətɔ̀ːri] 名 **寮** 「会社の独身寮」ならa dormitory for single employeesとなります。

▶**the principal** [prínsəpəl] **of our school** 名 **私たちの学校の校長先生** a principle「原理」と間違いやすいので注意してください。principalが名詞で出てくるときは，ほとんど「組織の中の重要人物・代表者」を表します。なお主にイギリスで小・中学校の校長先生をa headteacherと言います。

▶**resign** [rɪzáɪn] 自 **辞職する** re-「再び」+ sign「署名」。就職するときに1回目の署名。そして辞めるときに2回目の署名という感じですね。resign from ～ で「～を辞める」です。resign ～ 他「～を辞める」の用法もあります。

▶**on the ground(s)** [graʊnd(z)] **of ～** 熟 **～を根拠に** groundは「地面」が基本的意味。そこから「地盤」→「根拠」と意味が発展しました。前置詞は「地面」のときと同じで，onを用います。

36

▶***be* confident** [ká(ː)nfɪdənt] **in ～** 熟 **～に自信がある** confident 形は「(他者を）信頼している」という意味の場合と，「(自分の何かを）信頼している，(自分の何かに対して）自信がある」という意味の場合があります。名詞形はconfidence「自信」「信頼」です。本問ではbeの代わりにseemが使われています。

▶**tend** [tend] **to** (*V*) 熟 **～する傾向がある** よい傾向にも悪い傾向にも使われます。本書では分析が煩雑になることを避けるために助動詞の扱いとしています。

Women tend to live longer than men.
「女性の方が男性より長生きする傾向にある」

名詞形はtendency「傾向」です。

▶**whatever** [*h*wʌţévər] 代 **(…する）物［事］は何でも** whatの強調形と考えてよいでしょう。

Do whatever you like. 「何でも好きなことをしなさい」

▶**even** [íːvən] **though** [ðoʊ] **～** 接 **たとえ～でも** 接続詞のthough「～だけれども」に副詞even「さえも」がついた形です。× even althoughとは言いません。

▶**mistaken** [mɪstéɪkən] 形 **間違って** mistakenは，動詞mistakeの過去分詞形でもありますが，形容詞として使われることもあります。
強調する場合にveryは使えません。よって本問ではcompletelyが使われています。

第10回

37

解答・解説▶p. 84

Japanese people are so convinced that Japanese food is unique that they cannot believe that a foreigner can eat it, let alone enjoy it.

38

解答・解説▶p. 86

Science has made such great progress, and education is so widespread, that we are all more or less familiar with the laws of nature.

次の英文の日本語訳を書きなさい。そのとき，あなたが英文をどう読みとったのかがよく伝わるようにすること。語句の意味が分からない場合は，次のページにヒントがありますので，参考にしてもかまいません。

39

解答・解説▶p. 88

Mr. Thompson, a music teacher, has such high standards that, unless we spend all our time trying to please him, he is never satisfied.

40

解答・解説▶p. 90

Most inhabitants of the developed Western nations are aware by now that the demands that we are making on our planet are excessive and that our present course is unsustainable.

語句チェック 37 >>> 40

37

▶ ***be* convinced** [kənvínst] **that *S V*** 構 **S Vを確信している**　元は《convince＋人＋that *S V*》「人にS Vを確信させる」の受動態からできた表現ですが，現在ではこの形のconvincedは形容詞の扱いです。

▶ **unique** [juníːk] 形 **独特の**　uni- は「1」ですから，「他にはない，一つしかない」という意味です。「おもしろい」というニュアンスはないことに注意しましょう。

▶ **〔否定文〕＋, let alone 〜** 構 **〔…でない〕，まして〜でない**　元々は，let 〜 alone「〜を一人にしておく」→「〜を仲間はずれにする」→「〜は論外として」からきています。

He can't even walk yet, let alone run!
「その子はまだ歩くことさえできない。まして走るなんてできっこない」
「その子はまだ，走ることはおろか歩くことさえできない」

38

▶ **make progress** [prá(:)grəs] 熟 **進歩する**　progressを強調する場合は，progressの前にgreat，tremendous，remarkableなどの形容詞をつけます。なお動詞progress [prəgrés] はアクセントが-e-の上にあるので注意してください。

▶ **widespread** [wáɪdsprèd] 形 **普及した**　元は，wide「広い」＋spread 〜 他「〜を広げる」の過去分詞形（spread - spread - spread）です。

▶ **more or less** 熟 **多かれ少なかれ，ほとんど**　almostの意味で使われることが多い熟語ですね。I have more or less finished my task.「仕事はほぼ終わった」。本問では「多かれ少なかれ」の意味です。あることについてmore「十分以上だ」かless「十分でない」かは見る人により異なるかもしれないが，「ほとんどある水準に近い」ということでしょう。

▶ ***be* familiar** [fəmíljər] **with 〜** 熟 **〜を知っている**　A good idea came up.「よい考えが生じた」→ I came up with a good idea.「よい考えを思いついた」，My task was finished. → I was finished with my task.「仕事が終わった」のように，主語に「人」が割り込んだために，元々の主語をwithで補う，ということがあります。この熟語もHis name is familiar. → I am familiar with his name.という変形です。

▶ **law** [lɔː] 名 **法律，法則**　「法律」と読んで文脈に合わないようなら「法則」で試してみてください。本問では「法則」が妥当です。

㊴

▶ **standard** [stǽndərd] 名 **基準** 「判断・比較のための基準」という意味です。the standard of living と言えば「生活の基準」→「生活水準」です。

▶ **unless** [ənlés] ***S V*** 構 **S Vの場合を除いて** ほとんどの場合，if not と同じ意味という理解で十分ですが，「S Vの場合を除いて」が正しい意味です。

▶ **spend** [spend] ***A*** ***(V)ing*** 熟 **Aを〜することに費やす** *A*には時間・金・労力が入ります。英文㉛でも解説したとおり，spend は「何をどのように使うか」を後ろに伴います。なお，元々は，in *(V)ing* になっていたのですが，この in は今では省略するのが普通です。

▶ **please** [pli:z] **〜** 他 **〜を喜ばせる** the Beatles の歌に "PLEASE PLEASE ME" というのがあります。最初の please は「どうぞ，どうか」の意味ですが，2番目の please 〜 は「〜を喜ばせる」の意味の動詞ですから，「どうか私を喜ばせてください」の意味です。私は昔これを「どうぞ，どうぞ，私を」と考えてしまったことがありました（笑）。

▶ **satisfied** [sǽṭɪsfàɪd] 形 **満足して** 元は satisfy 〜 他「〜を満足させる」が *be* satisfied の受動態になった「満足させられる」という表現です。ただこれでは日本語が不自然ですから，意訳して「満足している」とします。現在では satisfied は形容詞の扱いです。また，形容詞形の satisfactory [sæṭɪsfǽktəri] は注意が必要です。「満足がいく」ではなく「ある基準をクリアした」というイメージの語です。例えばテストで90％以上できたなら satisfying でしょうが，平均点よりやや上ならば satisfactory と感じるでしょうか。

㊵

▶ **inhabitant** [ɪnhǽbəṭənt] 名 **住人** inhabit 〜 他 は「〜に生息する」という意味でよく用いますが，この名詞形 inhabitant は居住者を指します。

▶ ***be*** **aware** [əwéər] **that** ***S V*** 構 **S Vが分かっている** 「（あるものが存在していること）を知っている」という意味です。become aware that *S V* なら「S Vを知るようになる」となります。

▶ **make demands** [dɪmǽndz] **on 〜** 熟 **〜に対して負担を強いる** demand は他動詞「〜を要求する」の用法もありますが，この熟語では「負担」の意味の名詞です。本問では demands を先行詞とする関係代名詞節の形に変形されています。

▶ **excessive** [ɪksésɪv] 形 **過度の** excess 名「超過」の形容詞形です。excessive drinking と言えば「飲み過ぎ」という意味です。

▶ **unsustainable** [ʌ̀nsəstéɪnəbl] 形 **持続可能ではない** sustain 〜 他「〜を支える」の形容詞形が sustainable「（資源の利用が環境を破壊することなく継続できるという意味で）持続可能な」。さらに，否定を示す un- がついて上記の意味となりました。

解答・解説▶p. 92

It is never a mistake to answer honestly, and not omit any details, when questioned by a physician about the symptoms that you have been experiencing.

42

解答・解説▶p. 94

For farmers to succeed in those areas where drought has become a problem, there must be a greater effort on the part of the government to ensure a stable water supply.

次の英文の日本語訳を書きなさい。そのとき，あなたが英文をどう読みとったのかがよく伝わるようにすること。語句の意味が分からない場合は，次のページにヒントがありますので，参考にしてもかまいません。

解答·解説▶p. 96

What we want is for the government to provide an excellent public transportation system, especially a train system, so that people would be encouraged to drive less.

解答·解説▶p. 98

Most of the work you are required to do in this course is understanding the contents of books and being able to explain to other students what the writers want to say.

語句チェック ㊶>>>㊹

㊶

▶ **mistake** [mɪstéɪk] 名 **間違い，ミス**　日本語では「ミス」という名詞がありますが，英語のmiss ～は「～を逃す」「～がいなくて寂しく思う」という意味の動詞です。「ミスをする」ならmake a mistakeとします。日本語では「ミスをする」ですがdoは使いません。

▶ **honestly** [á(ː)nəstli] 副 **正直に**　honest 形「正直な」に-lyがついた形です。語頭のhは発音しないことがあり（例：hour [áʊər]「時間」），honest(ly) もその一つです。

▶ **omit** [oʊmít] ～ 他 **～を除外する**　「故意に入れない，あるいはうっかり入れるのを忘れる」という意味です。omit him from the teamなら「彼をチームから外す」の意味です。

▶ **detail** [díːteɪl] 名 **細部**　「計画の詳細」「絵画などの細部」などに幅広く使われる語です。通例は可算名詞ですが，in detail「詳しく」という熟語の場合は，aは不要です。

▶ **physician** [fɪzíʃən] 名 **医師**　doctorには「医師」の他に「博士」という意味もあり，博士号を取得した人はdoctorとなります。よって博士号を取得した看護師はdoctorと呼ばれることになります。そこで，混乱を避けるためにphysicianという単語が「医師」の意味で用いられるようになりました。「内科医」はアメリカ英語ではinternist [íntəːrnɪst] と言います。physicianと似た単語のphysicist「物理学者」は，chemist「化学者」とセットで覚えましょう。

▶ **symptom** [símptəm] 名 **症状**　通例「望ましくない徴候」の意味で，医学用語では「症状」となります。symptoms of coldなら「風邪の諸症状」の意味です。

▶ **experience** [ɪkspíəriəns] ～ 他 **～を経験する**　日本語と同様に，よい経験にも悪い経験にも使えます。experience joys and sorrowsなら「苦楽を経験する」の意味です。名詞も同形です。

㊷

▶ **succeed** [səksíːd] **in ～** 熟 **～で成功する**　succeedは自動詞なので，「～において」という情報を追加する場合には，in ～「～において」が必要です。名詞形はsuccess in ～「～における成功」です。

▶ **those** [ðoʊz] **～ ＋ 関係副詞［関係代名詞］** 代 **…な～**　このthoseは，後ろに関係副詞節，関係代名詞節が置かれていることを明示する働きです。通例，訳しません。

▶ **drought** [draʊt] 名 **干魃**（ばつ）　発音に注意してください。通例-oughtは [ɔːt] と発音しますが，この語は [aʊt] と発音します。dry 形「乾いた（←水がない）」，drink（～）自他「(〜を) 飲む (←水がなくなる)」などが同系語です。

▶ **on the part** [pɑːrt] **of 〜** 熟 **〜の側の** 直前に置かれた動詞の名詞形，あるいはそれに類する語の主語を表す場合に用いられます。

There was no objection on the part of the teachers. 「教師側には反対はなかった」

▶ **ensure** [ɪnʃúər] **〜** 他 **〜を確実にする** ensure that *S V*は，make sure that *S V*の硬い言い方です。《make sure + 名詞》は不可ですが《ensure + 名詞》は可です。

▶ **stable** [stéɪbl] 形 **安定した** stay (〜) 自他「(〜の間) 滞在する」と同系語です。

43

▶ **government** [gʌ́vərnmənt] 名 **政府，役所** 国家レベルなら「政府」，地方レベルなら「役所」となり，文脈によって判断します。the governmentのようにtheがつく場合は「筆者の属する国の政府」という意味です。

▶ **provide** [prəváɪd] **〜** 他 **〜を提供する** pro-「前方」+ vide「見る (←videoと同じ語源)」ですから，「先を見越して，必要なものを必要としている人に供給する」という意味です。通例《provide + 人 + with 〜》の形をとりますが，「人」に重点を置く場合には《provide 〜 for + 人》とすることもあります。

▶ **public** [pʌ́blɪk] **transportation** [trænspərtéɪʃən] **system** 名 **公共交通機関** publicは「公(おおやけ)の，公共の」，transportationは「交通手段」の意味です。trans-は「向こう側の［に］，横切って」を表します。

▶ **especially** [ɪspéʃəli] 副 **とりわけ** 「同種のものの中でも際だって〜」という意味で用いられます。I like bananas, especially slightly green ones.「私はバナナが，とりわけ熟す手前のものが好きです」

44

▶ **most** [moust] **of 〜** 熟 **〜の大半** mostは，形容詞あるいは副詞のmuchの最上級ですが，most of 〜 の形では名詞の扱いです。「〜の多く」としないよう要注意です。

▶ **require** [rɪkwáɪər] **+ 人 + to (*V*)** 熟 **人に〜することを要求する** 受動態は《人 + *be* required to (*V*)》です。request「リクエスト」と似ていて覚えやすいですね。

▶ **course** [kɔːrs] 名 **講習，講座** 「ある一定期間続く連続した授業」の意味です。

a one-year journalism course 「1年間のジャーナリズム講座」

▶ **contents** [kɑ́(ː)ntents] 名 **内容** 「中身，内容，目次」を指すときはcontentを複数形で用います。「中に詰まっているもの」という感じの語です。形容詞も同形で*be* content with 〜 で「〜さえあれば十分に満ち足りている」の意味です。

▶ **explain** [ɪkspléɪn] **to + 人 + 〜** 熟 **人に〜を説明する** 《explain 〜 + to + 人》あるいは《explain to + 人 + 〜》の形で用います。「(数学の難問などの難しいもの) を説明する」という意味です。《explain + 人 + 〜》という形では使えません。

 第12回 

解答・解説▶ p.100

Constructive criticism can be offered in an indirect way. Asking someone who is very close to the person to be criticized to speak on your behalf is a thoughtful act.

解答・解説▶ p.102

Workers in that factory should realize quite clearly that wearing protective clothing may help prevent injuries but will not fully guarantee their safety in all situations.

次の英文の日本語訳を書きなさい。そのとき，あなたが英文をどう読みとったのかがよく伝わるようにすること。語句の意味が分からない場合は，次のページにヒントがありますので，参考にしてもかまいません。

解答・解説▶ p. 104

Recently, there have been news reports of supermarkets raising prices steeply on some products and many customers searching for less expensive brands.

解答・解説▶ p. 106

Despite the fact that Finland has long and brutal winters, there are often news reports of that nation having ranked first in the world for the happiness of its people.

語句チェック ㊺>>>㊽

㊺

▶ **constructive** [kənstrʌ́ktɪv] 形 **建設的な**　construct ～ 他「～を建設する」の形容詞形。「前向きな」の意味です。反対語はdestructive「破壊的な」ですね。

▶ **criticism** [krítəsìzm] 名 **批判**　criticize ～ 他「～を批判する」の名詞形。普通，-ismは「～主義」で使うことが多いので，この単語は要注意です。

▶ **offer** [ɔ́(ː)fər] ～ 他 **～を申し出る・提供する**　「よかったらどうですか」という感じで差し出す，という意味です。

▶ **on *one's* behalf** [bɪhǽf] 熟 **～の代わりに**　by＋half「そば（側）に＋片割れで」でbehalfとなりました。*one's* behalf「誰かの片割れ」は「誰かにとって右腕のような存在」ですから，「誰かの代理」となります。全体で副詞の働きをします。

▶ **thoughtful** [θɔ́ːtfəl] 形 **思慮深い**　thought「考え」は動詞thinkの名詞形です。thinkの過去形と同じ形なので注意。これに-ful「一杯」がついていますから「思慮が一杯」が元の意味です。

㊻

▶ **factory** [fǽktəri] 名 **工場**　機械で大量生産するような工場です。

▶ **realize** [ríːəlàɪz] ～ 他 **～を認識する・はっきり理解する**　本来は「～を実現する」の意味ですが，目的語にthat節あるいはthat節相当語句が置かれた場合あるいは，error，mistake「間違い」などの一部の名詞の場合には，「～を頭の中で実現する」→「～をはっきり理解する」となります。

▶ **protective** [prətéktɪv] **clothing** [klóuðɪŋ] 名 **防護服**　protectiveはprotect ～ 他「～を守る」の形容詞形です。clothingは「（集合的に）衣料品，衣類」の意味です。

▶ **prevent** [prɪvént] ～ 他 **～を予防する**　➡㉓参照

▶ **injury** [índʒəri] 名 **けが，負傷**　injure ～ 他「～にけがをさせる」の名詞形です。

▶ **guarantee** [gæ̀rəntíː] ～ 他 **～を保証する**　「（製品など）を保証する」という意味から「（危険・損害などに対して）～を保証をする」という意味などでも使います。名詞も同形で，under guaranteeなら「保証期間中で」という意味です。

47

▶ **recently** [ríːsəntli] **副 最近**　近い過去のある時を指して「つい先頃」「ここ最近」という意味で使います。よって，通例現在時制ではなく現在完了時制あるいは過去時制で用います。these days「(現在時制で) 最近，この頃」とは区別してください。

▶ **raise** [reɪz] **～ 他 ～を上げる**　-ai- の発音は [eɪ] であることに注意してください。raise *one's* hand「手を上げる」から raise the price「価格を上げる」などにも使われる単語です。rise [raɪz] 自「上がる」とは区別してください。

▶ **steeply** [stiːpli] **副 急激に**　steep 形「急勾配の，急激な」の副詞形です。「急激に上昇［減少］する」という文脈でしばしば登場します。

▶ **product** [prɑ́(ː)dʌkt] **名 製品**　produce ～ 他「～を生産する」の名詞形で「生産されたもの」の意味です。農産物の意味でも使われますが，主に工業製品に用いられます。produce（アクセントはproの上にあります）「農業製品，農産物」とは区別してください。

▶ **customer** [kʌ́stəmər] **名 客**　商店や企業の客，顧客の意味です。best customers なら「上得意客」の意味です。visitor「訪問客」，guest「招待客，ホテルの宿泊客」，passenger「乗客」，client「(専門職の) 依頼人」，audience「(演劇・映画などの) 観客」，spectator「(スポーツの) 観客」などとは区別してください。

▶ **search** [səːrtʃ] **for ～ 熟 ～を探す**　look for ～ より硬い語です。「(警察などが) ～を捜索する」の意味でも用います。また《search＋探す場所＋for＋探すもの》の形で使用することもあります。search for him なら「彼を探す」ですが，search him for drugs は「彼が麻薬を持っていないか身体検査をする」の意味になります。

48

▶ **despite** [dɪspáɪt] **～ 前 ～にもかかわらず**　in spite of ～ と同義です。前置詞なので後ろに文を置くことはできません。文を置く場合には despite the fact (that) *S V* の形をとります。

▶ **brutal** [brúːtəl] **形 過酷な，残忍な**　brute 名「野獣」の形容詞形です。a brutal crime「残忍な犯罪」，the brutal truth「紛れもない（←残忍な）事実」などで使います。

▶ **nation** [néɪʃən] **名 国家，国民**　nation には「一国の国民全体」という意味があります。一般に「日本国民」と言う場合には Japanese people で十分です。

▶ **rank** [ræŋk] **first** [fəːrst] **熟 1位にランクインする**　rank という動詞はしばしば副詞（句）を伴い「(～に) 位置する」という意味になります。なお名詞 ranking を使って「彼は世界ランキングで2位だ」と言う場合には，He is second in the world rankings. と ranking を複数形にすることに注意してください。

熟考編 第13回

49

解答・解説▶p.108

At first, many young people were reluctant to receive the vaccine, feeling confident that, even if they were to become infected with the virus, they would not suffer any serious effects.

50

解答・解説▶p.110

Built more than four thousand years ago, the pyramids still remain nearly perfect.

次の英文の日本語訳を書きなさい。そのとき，あなたが英文をどう読みとったのかがよく伝わるようにすること。語句の意味が分からない場合は，次のページにヒントがありますので，参考にしてもかまいません。

51

解答・解説▶p. 112

Most people, not knowing Switzerland at first hand, often imagine it as a country where people are devoted to dairy-farming, mountaineering, and watch-making.

52

解答・解説▶p. 114

The idea of girls attending school met strong opposition from adults in the village, where parents, unaware that urban societies encouraged girls' education and barely managing to survive, depended on their daughters to work.

語句チェック

49

▶ **at first** [fəːrst] **熟 最初は** ➡ ⑭参照

▶ ***be* reluctant** [rɪlʌ́ktənt] **to (*V*) 熟 〜するのを嫌がる**　最終的には実行するかもしれませんが，何かの動作に対して消極的であることを意味します。*be* willing to (*V*)「嫌がらずに〜する」の対義語です。

▶ **vaccine** [væksíːn] **名 ワクチン**　日本語とは発音が異なるので注意してください。

▶ ***be* confident** [kɑ́(ː)nfɪdənt] **that *S V* 構 S V ということに確信をもっている**　本問ではbeがfeelになっています。もっと口語的な言い方は *be* sure that *S V*です。

▶ **become infected** [ɪnféktɪd] **with 〜 熟 〜に感染する**　infectは，in-「(体の) 中」+ -fect「作る」→「体内で作る」からできた語です。一般にfac / fic / fecは「作る」と覚えておいてください。〔類例〕factory「工場」，fiction「小説」

▶ **suffer** [sʌ́fər] **〜 他 (身体的・精神的痛みなど) を経験する**　suffer from 〜「(病気など) で苦しむ」とは区別してください。

50

▶ **build** [bɪld] **〜 他 〜を建てる**　他動詞ですから目的語を必要とします。過去形，過去分詞形はbuilt [bɪlt] です。

▶ **pyramid** [pírəmìd] **名 ピラミッド**　the (Great) Pyramidsは，Gizaにある，「3大ピラミッド」の意味です。

▶ **remain** [rɪméɪn] ***C* 自 C のままである**　remainは二通りで訳せます。補語を伴わないremainは「残る」が基本の意味です。補語を伴う場合にはremain *C*「Cという状態で残る」→「(相変わらず) Cのままである」となります。この場合「残る」と訳すのは誤訳になります。

▶ **nearly** [níərli] **副 ほとんど**　nearly 〜 で「〜に相当近い状態にある」ことを示しますから，almostとほとんど同じ意味と考えてかまいません。ただし，nearlyは《nearly + 数字》の形が多く出てきます。

▶ **perfect** [pə́ːrfɪkt] **形 完璧(かんぺき)な**　per-はthroughと同じ意味で，fac / fic / fecは「作る」の意味ですから，「最初から最後まできちっと作った」という感じの形容詞です。そこから「完璧な」という意味になりました。「完璧」を完壁と書かないように気をつけてください。動詞perfect [pərfékt] 〜「〜を完璧にする」はアクセントが後ろにあります。

51

▶ **at first hand** 熟 **直接的に**　at second handなら「間接的に」です。ちなみにa second-hand bookshopと言えば「古書店」の意味になります。

▶ **imagine** [ɪmǽdʒɪn] ***O* as *C*** 熟 **OをCと想像する**　*O*＝*C*の関係が成立します。《*S V O* as *C*》タイプの動詞はregard *O* as *C*「OをCとみなす」, see *O* as *C*「OをCと見る」が代表的ですが, imagineもこの仲間になります。

▶ ***be* devoted** [dɪvóuṭɪd] **to ～** 熟 **～に没頭している，～に専念している**

devote *A* to *B*で「AをBに捧げる」の意味です。

Mother Teresa devoted her life to caring for the poor and helpless.

「マザー・テレサはその生涯を貧しく，困窮した人々の救済に捧げた」

受動態の形*A be* devoted to *B*としても,「BにAを捧げている」という意味になります。この場合のdevotedは形容詞の扱いです。

Mother Teresa's life (A) was devoted to caring for the poor and helpless (B).

「マザー・テレサはその生涯を貧しく，困窮した人々の救済に捧げた」

▶ **dairy-farming** [fɑ́ːrmɪŋ] 名 **酪農業**　dairyの発音は[déəri]で, daily [déɪli] 形「日々の」とは随分と違いますから注意が必要です。

▶ **attend** [əténd] **～** 他 **～に通う・出席する**　attend a partyと言えば，相当硬い表現で「パーティーに出席する」という意味になります。attend schoolはgo to schoolとほぼ同じですが，やはり形式張った言い方です。

▶ **urban** [ə́ːrbən] 形 **都会の**　urban lifeなら「都会の生活」です。反対語はrural「田舎の」で，これも覚えてください。なお，suburb 名 はsub-「下」＋urban「都会」で「郊外」の意味です。ついでに確認しておいてください。

▶ **encourage** [ɪnkə́ːrɪdʒ] **～** 他 **～をすすめる**　en-は動詞をつくる接頭辞で，courageは「(精神的な面を強調した) 勇気」の意味ですから，本来は「～を勇気づける」という意味です。それが発展して上記の意味でも用いられるようになりました。

▶ **barely** [béərli] 副 **かろうじて**　「やっとのことで～する」といった感じの単語です。

▶ **manage** [mǽnɪdʒ] **to (*V*)** 熟 **なんとか～する**　manage ～ 他 は本来「～をあやつる」の意味ですから，manage to (*V*)で「～する方向へとあやつる」→「なんとか～する」という意味になりました。

▶ **depend** [dɪpénd] **on *A* to (*V*)** 熟 **Aが～することに依存する**　(*V*)の意味上の主語が*A*になっています。

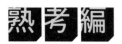

熟考編 第14回

解答・解説▶p. 116

The earthquake that struck early yesterday morning was strong, its tremors being felt hundreds of kilometers away.

解答・解説▶p. 118

Scientific progress is made step by step, each new point that is reached forming a basis for further advances.

次の英文の日本語訳を書きなさい。そのとき，あなたが英文をどう読みとったのかがよく伝わるようにすること。語句の意味が分からない場合は，次のページにヒントがありますので，参考にしてもかまいません。

解答・解説▶p. 120

There has been an increasing effort to find new ways of dealing with this disease, the conventional treatment having become less and less effective over the last ten years.

56

解答・解説▶p. 122

Recent studies have made it clear that — contrary to popular belief — young boys are, on average, just as sensitive about their looks as young girls are.

語句チェック 53 >>> 56

53

▶ **earthquake** [ə́ːrθkwèɪk] 名 **地震**　earth-「土」＋-quake「震えること」からできた単語です。「今朝地震が起きた」は，口語では There was an earthquake this morning. というように《there is 〜》がよく用いられます。「地震」は単に quake と言うこともあります。

▶ **strike** [straɪk] 自 **（嵐・病気・恐怖などが）襲う**　「打つ」が原義です。他動詞「〜を襲う」でも使います。なお過去形，過去分詞形は struck です。

▶ **yesterday** [jéstərdèɪ] **morning** [mɔ́ːrnɪŋ] 熟 **昨日の朝**　「昨日の晩」は yesterday evening でも last evening でもいいのですが，「昨日の朝［午後］」は last を使わずに yesterday morning [afternoon] と言います。

▶ **tremor** [trémər] 名 **振動**　「地面などの震動」「恐怖や興奮による震え」などを意味します。tremble 自「ブルブル震える」と同系語です。

▶ **hundreds** [hʌ́ndrədz] **of 〜** 熟 **何百もの〜**　hundred / thousand / million などは，通例 -s をつけませんが，hundreds / thousands / millions of 〜「何百もの／何千もの／何百万もの〜」の場合は -s をつけます。

▶ **kilometer** [kəlɑ́(ː)məṭər] 名 **キロメートル**　一般に -meter で終わる単語は，直前の母音字にアクセントがあります。〔類例〕speedometer「スピードメーター」，barometer「バロメーター」など。ただし，centimeter は cen- の部分にアクセントがあります。

54

▶ **progress** [prɑ́(ː)grəs] 名 **進歩**　pro-「前方」＋-gress「進む」からきています。名詞の場合はアクセントは前に，動詞の場合は後ろにあります。他に -gress を用いた語には aggressive 形「ぐいぐい進んでいく」→「攻撃的な」などがあります。

▶ **form** [fɔːrm] **〜** 他 **〜を形成する**　幅広く使われる語です。

We formed a large circle.「私たちは大きな輪を作った」

His success formed a good example for our team.

「彼の成功は我がチームのよき手本になった」

など様々な「形成する，作る」に使われます。

▶ **further** [fə́ːrðər] 形 **さらなる**　far の比較級・最上級には2種類あります。(1)〔距離を示す場合〕far - farther - farthest／(2)〔程度を示す場合〕far - further - furthest。近頃では，両者の使い分けはなくなってきつつあり，いずれの場合でも further を使う傾向にあります。fartherは発音がfatherに近くて，混同しやすいからかもしれません。

55

▶ **effort** [éfərt] 名 **努力**　「努力する」はmake an effortです。「かなり努力する」はmake a great effortです。一緒に覚えておきましょう。

▶ **deal** [diːl] **with ～** 熟 **～に対処する**　「何かの問題を解決するために，必要な手段を講じる」という意味です。dealの過去形，過去分詞形はdealt [delt] です。

▶ **disease** [dɪzíːz] 名 **病気**　dis-「分離する，打ち消し」＋-ease「簡単さ」→「簡単さ・気楽さを打ち消したもの」が原義です。具体的な病名のつく「病気」です。illness, sicknessは「diseaseの結果のよくない状態」のことです。

▶ **conventional** [kənvénʃənəl] 形 **従来からの**　「昔から変化なく行われていて，少し古くさい」というイメージの単語です。a conventional weaponとは「（核を使用しない）通常兵器」という意味です。

▶ **treatment** [tríːtmənt] 名 **治療**　通例は「（病気などの）治療」の意味です。「扱い」の意味にもなりますが，その際は多くの場合special treatment「特別扱い」などのように形容詞をつけて使います。

▶ **the last ～ years** [jɪərz] 熟 **この～年**　日本語では「この数年」と言いますが，英語ではthisを使いません。理論的にはtheseなら可ですが，それよりthe last [past] ～ の方が一般的です。

56

▶ **study** [stʌ́di] 名 **研究**　動詞のstudy「勉強する，研究する」の名詞形です。この場合は可算名詞の扱いです。なおstudyと同義のresearchの方は主に不可算名詞として使います。

▶ **contrary** [ká(ː)ntrèri] **to ～** 熟 **～とは逆に**　普通「～」には世間の一般常識，社会通念などが置かれます。on the contrary「それどころか」も一緒に覚えておいてください。

▶ **popular** [pá(ː)pjulər] **belief** [bɪlíːf] 名 **一般通念**　「一般の人が信じていること」の意味です。「人気のある信仰」などと訳さないでください。

▶ **on average** [ǽvərɪdʒ] 熟 **平均すると**　直訳すると「平均に基づくと」です。冠詞をつけてon the averageやon an averageとも言います。

▶ **sensitive** [sénsət̬ɪv] 形 **繊細な**　「人々の発言などですぐに動揺してしまう性質で」という意味です。しばしば*be* sensitive about ～「～に関して繊細だ」の形で使います。

熟考編 第15回

57

解答・解説▶p.124

Women wearing trousers used to be an unusual sight; now it is completely normal.

58

解答・解説▶p.126

We saw a tall mountain in front of us. On the side of the mountain grew a forest of pine trees.

次の英文の日本語訳を書きなさい。そのとき，あなたが英文をどう読みとったのかがよく伝わるようにすること。語句の意味が分からない場合は，次のページにヒントがありますので，参考にしてもかまいません。

解答・解説▶ p. 128

Global warming has been known about for a very long time, but only recently have its true dangers begun to be understood by the general public.

解答・解説▶ p. 130

We take for granted satellites and trips to the moon, nuclear-powered submarines that stay underwater for months, aircrafts that travel faster than sound, factories operated by machines that run other machines, and computers that seem more intelligent than humans.

語句チェック 57 >>> 60

57

▶ **wear** [weər] **～ 他 ～を身につけている**　wearは,「～を身につけている」という状態動詞で, put ～ on「～を身につける」という動作動詞とは区別してください。また, wear ～ の目的語には, a shirt「シャツ」やtrousers「ズボン」などの衣類だけでなく, a hat「帽子」, a wig「かつら」, gloves「手袋」, glasses「めがね」, shoes「靴」などを使うことが可能です。活用変化はwear - wore - wornです。

▶ **trousers** [tráuzərz] **名 ズボン**　「ズボン」は右足用と左足用で1セットなので常に複数形で用いられます。これはglasses「めがね」, shoes「靴」, scissors「はさみ」などと同じです。またアメリカ英語の「ズボン」はpantsというのが普通です。

▶ **used to** [júːstə] **助 かつては～であった**　2語で一つの助動詞です。「現在は状況が異なるが, 昔は～だった」という文脈で用いられ, but now ～「しかし今では～」という文が続くこともあります。

▶ **sight** [saɪt] **名 光景**　動詞seeの名詞形で「見えているもの」の意味です。see the sights of [in] ～ で「～を観光する」の意味になります。

58

▶ **side** [saɪd] **名 (山・谷などの) 斜面**　sideは基本的には, ある物の側面やそのわきを示します。左右 (the left / right side of ～), 上下 (the upper / lower side of ～), 前後 (the front / rear side of ～) など。ですからthe side of the mountainと言えば「その山の側面」が直訳となります。ただしこれでは日本語としておかしいですから, 情景を思い浮かべて「その山の斜面」くらいにしておきたいところです。

▶ **grow** [grou] **自 成長する**　基本的には目的語を必要としない自動詞で, 意味は「成長する」です。ただし, 目的語を必要とする他動詞になることもあり, その場合には「～を栽培する」という意味になります。一つの動詞が他動詞と自動詞のどちらにも使われることはよくありますので覚えておいてください。活用変化はgrow - grew - grownです。

▶ **forest** [fɔ́(ː)rəst] **名 森**　tropical forestsで「熱帯林」という意味です。またa forest fireなら「森林火災 (＝山火事)」です。

▶ **pine** [paɪn] **tree 名 松の木**　a pineappleは, 元は「松ぼっくりに似ている果物」という意味です。日本語でパイナップルのことを「パイン」と言うこともありますが, 英語のpineは「松」なので, a pine treeは「パイナップルの木」ではなくて,「松の木」です。そもそもパイナップルは木になるものではないですね。

59

▶ **global** [glóubəl] **warming** [wɔ́ːrmɪŋ] 名 **地球温暖化**　globalは「地球に関わる」という意味の形容詞で，warmingは「暖かくなること」の意味の名詞です。通例無冠詞で使います。

▶ **know** [nou] **about ～** 熟 **～について知っている**　他動詞のknow ～ の「～」に置くことのできる名詞で，英作文でよく用いるものは「直接的な知り合い」「よく知っている土地」「堪能な言語」などです。例えば「アインシュタインのことを知っている」をknow Einsteinと書けば，「アインシュタインと知り合いである」ことを意味します。もし「物理学者のアインシュタインのことを（情報として）知っている」と言いたい場合にはknow about Einsteinとします。

▶ **recently** [ríːsəntli] 副 **最近**　➡ 47参照

▶ **danger** [déɪndʒər] 名 **危険性，恐れ**　形容詞形はdangerous [déɪndʒərəs]「危険な」です。

▶ **the general** [dʒénərəl] **public** [pʌ́blɪk] 名 **一般大衆**　publicは形容詞では「公（おおやけ）の，大衆の」の意味ですが，名詞の場合はthe public「大衆」の意味です。

60

▶ **take *A* for granted** [grǽntɪd] 熟 **Aの存在を当然のことと思う**　grant ～ 他 は「～を認める」の意味で，take *A* for *B*は「AをBと思う」の意味です。ですからtake *A* for grantedを直訳すると「Aを認められているものと思う」となり，そこから上記のような訳語が出てきます。なお，本問のように*A*が長い語句の場合はtake for granted *A*の語順になります。*A*が名詞節のthat *S V*の場合には，しばしば形式上のitを置いて，take it for granted that *S V*の形にします。

▶ **satellite** [sǽṭəlàɪt] 名 **（人工）衛星**　「気象衛星」はa weather satelliteと言います。

▶ **nuclear** [njúːkliər] **-powered** [páuərd] 形 **原子力を動力とする**　nuclearは「原子力の，核の」の意味です。例えばa nuclear weaponと言えば「核兵器」の意味です。

▶ **operate** [á(ː)pərèɪt] **～** 他 **（機械・システム）を操作する，（事業など）を運営する**　operate a computerは「コンピュータを操作する」の意味です。

▶ **run** [rʌn] **～** 他 **（機械などが）～を動かす**　「～を走らせる」の意味から発展した用法です。

▶ **intelligent** [ɪntélɪdʒənt] 形 **賢い**　「情報を収集して，それを生かす」という意味での賢さです。ですから人間のみならず他の動物に対しても使えます。なお，smartは「頭の回転がよい」，cleverはアメリカ英語ではしばしば「悪知恵がはたらく」，wiseは「経験による知恵をもった」の意味です。

熟考編 第16回 ⑥① >>> ⑥④

解答・解説▶ p. 132

"Developing countries" is a term used to describe the countries of the world which are not rich and which are in the process of improving agriculture, building more factories, and making better roads.

⑥②

解答・解説▶ p. 134

A stable society requires a set of laws that apply equally to both the rich and the poor, a respect for the rights of citizens of all religions and ethnic origins, and a strong desire to provide for the common welfare.

次の英文の日本語訳を書きなさい。そのとき，あなたが英文をどう読みとったのかがよく伝わるようにすること。語句の意味が分からない場合は，次のページにヒントがありますので，参考にしてもかまいません。

解答・解説▶p. 136

Gelato differs from ice cream in these important ways: because it contains less cream and more milk than ice cream, it is lower in fat, but because it is churned more slowly, it contains less air and has a richer flavor.

解答・解説▶p. 138

The purpose of autobiographers should not be to inform us of all that they have done but to show us who they are and how their outlooks have been formed.

語句チェック 61 >>> 64

61

▶ **developing** [dɪvéləpɪŋ] **country** 名 **発展途上国**　直訳は「発展しつつある国」です。反対語はa developed country「先進国（←発展した国）」です。

▶ **term** [təːrm] 名 **言葉**　元々は「枠組み，限界，境界」という意味です。そこから，「枠組みを定めた言葉」→「専門用語」，「時間的な限界」→「期間，学期」などの意味が出てきました。

▶ **describe** [dɪskráɪb] **～** 他 **～を述べる，～を説明する**　「～を描写する」と訳すことが多いですが，実際にはもっと日常的に使う語です。「～がどのようなものか説明する」という感じの意味です。小さな子どもに「（握った手に）何を持っているか当ててごらん」と言うとき，Describe what I have in my hand. でちゃんと通じます。

▶ **in the process** [prá(ː)ses] **of ～** 熟 **～の過程にある**　process は proceed [prəsíːd] 自「前に進んでいく」の名詞形です。

▶ **improve** [ɪmprúːv] **～** 他 **～を改善する**　make ～ betterを少し難しく言った単語です。自動詞の用法でget betterの意味もあります。

62

▶ **require** [rɪkwáɪər] **～** 他 **～を要求する**　主に「ことがら，もの」を主語にして用いられます。*A* require *B*はしばしば「AにはBが必要だ」と訳します。request 名「依頼，リクエスト」／他「～を要請する」が同系語です。

▶ **a set of ～** 熟 **一連の～**　「1セットの～」「ひと続きの～」という意味です。

▶ **apply** [əpláɪ] **to ～** 熟 **～に当てはまる**　「（法則や決まりなどが）～に適用される」という意味です。ap-「（= ad-）方向性」+ -ply「折り曲げる」から，「何かに合うように曲げられる」というのが原義です。

▶ **respect** [rɪspékt] **for ～** 熟 **～に対する尊重**　ものに対してなら「尊重」ですが，人に対してなら「尊敬」となります。

▶ **provide** [prəváɪd] **for ～** 熟 **～を実現可能にする**　元は「（未来の出来事や安全）のために備える」という意味ですが，上記のような使い方をすることもあります。

▶ **common** [ká(ː)mən] **welfare** [wélfèər] 名 **公共の福祉**　welfareは「健康や快適な生活も含めた幸福」の意味です。

63

▶ **gelato** [dʒəlɑ́ːtoʊ] 名 **ジェラート** イタリア語からきた単語で，イタリア発祥のアイスクリームのことです。

▶ **differ** [dífər] **from ～** 熟 **～とは異なる** 形容詞形の熟語 *be* different from ～「～と異なっている」の動詞バージョンです。differ / offer / sufferのように-fferで終わる語は語頭にアクセントがあります。refer / prefer / inferのように-ferで終わる単語は-ferにアクセントがあります。しっかり区別してください。

▶ **contain** [kəntéɪn] **～** 他 **～を含有する** 「(気体・液体・固体の中や何かの容器の中に)～を含んでいる」という意味です。container 名「容器，コンテナ」の動詞形です。「朝食代は料金の中に含まれている」「会員特典にはカレンダーが含まれている」の類いの「～を含む」はincludeを使います。

▶ ***be* low** [loʊ] **in ～** 熟 **～が少ない** 直訳は「～において低量の」ですが，～の部分を「～が」と訳すと自然な訳になります。

〔類例〕Canada is rich in natural resources.
「カナダは天然資源が豊かだ」

▶ **fat** [fæt] 名 **脂肪** 形容詞のfatは「(脂肪で) 丸々と太った」の意味です。

▶ **churn** [tʃəːrn] **～** 他 **(攪拌(かくはん)器で)～をかき回す・攪拌する** 対象はミルクかクリームです。「(卵など) を攪拌する」場合はbeatを用います。

▶ **flavor** [fléɪvər] 名 **風味** あるものに特有の風味･味のことです。～-flavoredは「～風味の」の意味の形容詞です。a lemon-flavored cakeで「レモン風味のケーキ」です。

64

▶ **autobiographer** [ɔ̀ːt̬əbaɪɑ́(ː)grəfər] 名 **自伝を書く人** biography 名 は「伝記」です。bio-「生物」＋-graphy「表したもの」で，「生物を表したもの」が原義です。この単語に，auto-「自身の」がついてautobiographyとなると「自伝 (←自分で書いた記録)」の意味になります。さらに人を表す-erがついて，「自伝を書く人」の意味になります。auto-で始まる単語はautomation 名「オートメーション，自動化」，automobile 名「自動車」などがあります。

▶ **inform** [ɪnfɔ́ːrm] **＋人＋of ～** 熟 **人に～を伝える** information 名「情報」の動詞形ですから，「情報を伝える」の意味です。

The couple informed us of the good news.
「その夫妻は私たちによい知らせを伝えてくれた」

▶ **outlook** [áʊtlʊ̀k] 名 **見方** しばしば，*one's* outlook on ～「～に対する見方」で用います。my outlook on lifeなら「私の人生観」という意味です。

熟考編 第17回 65 >>> 68

解答・解説▶p.140

Even in 2021, 100 years after the first and only tuberculosis vaccine was used, people still waited for a better treatment in Asian countries like Indonesia, and in African countries like Nigeria, while they all suffered from a continuing pandemic.

66

解答・解説▶p.142

Of all the breakthroughs in medical science, none has changed the course of modern medicine more, or resulted in the saving of more lives, than the discovery of penicillin.

次の英文の日本語訳を書きなさい。そのとき，あなたが英文をどう読みとったのかがよく伝わるようにすること。語句の意味が分からない場合は，次のページにヒントがありますので，参考にしてもかまいません。

解答・解説▶p.144

Famous people who appear frequently in the media tend to play the part that is expected of them and with practice learn to play it very well.

68

解答・解説▶p.146

The Roman Empire became, and until the 5th century CE remained, the dominant power in the Western world.

語句チェック ⑥⑤ >>> ⑥⑧

⑥⑤

▶ **tuberculosis** [tjubə̀ːrkjulóusəs] 名 **結核**　-sisはしばしば病名を表す語尾として使われます。

▶ **wait** [weɪt] **for ～** 熟 **～を待つ**　直訳は「～を求めて待つ」です。このforはlook for ～「～を求めて見る」→「～を探す」にも見られます。

▶ **treatment** [tríːtmənt] 名 **治療，治療法**　動詞のtreat ～ は，「～を治療する」という意味です。ただし何かの副詞（句），例えばwell「よく」，badly「酷く」，like a child「子どものように」などがつくと「～を扱う」の意味となるのが通例です。名詞形treatmentの意味は，文脈から判断するのが無難です。

▶ **suffer** [sʌ́fər] **from ～** 熟 **～で苦しむ**　「～」には病気や窮状を表す名詞が置かれることが多いですね。また一時的な場合は進行形になります。

I am still suffering from jet lag.
「まだ時差ぼけだ」

▶ **pandemic** [pændémɪk] 名 **大流行**　「（病気の）全国的な大流行，世界的な大流行」の意味です。pan-「あまねく」＋-dem-「民衆」から「すべての民衆に降ってくるもの」が原義です。democracy「民主主義」は同系語ですね。

⑥⑥

▶ **breakthrough** [bréɪkθrùː] 名 **飛躍的進歩**　「何かを破って出て行くこと」からこのような意味になりました。

▶ **medical** [médɪkəl] **science** [sáɪəns] 名 **医学**　medicineだけでも「医学」の意味になりますが，medicineだけでは「薬」の可能性もあります。medical scienceは「医学」以外の意味にはなりません。

▶ **result** [rɪzʌ́lt] **in ～** 熟 **～の結果になる**　*A* result from *B*なら「Bの結果Aになる」という意味ですが，*A* result in *B*は正反対の「Aの結果Bになる」という意味になります。これはresultが元々「跳ねる」からきた単語だからです。

▶ **saving** [séɪvɪŋ] 名 **救済**　save（～）他「～を救う」自「貯金する」の名詞形です。

▶ **discovery** [dɪskʌ́vəri] 名 **発見**　discover ～ 他「～を発見する」の名詞形です。しばしばthe discovery of ～「～の発見」で用いられます。

▶ **penicillin** [pènəsílɪn] 名 **ペニシリン**

▶ **expect** [ɪkspékt] **〜 of *A*** 熟 **Aに〜を期待する**　expect 〜 他は「(将来)〜(になるだろう) と思う」という意味が基本であり，「期待する」の意味ではありません。

We expect that the typhoon will hit our island.

「その台風は私たちの島に上陸すると私たちは考えている」

ただし，expect 〜 of [from] *A* の場合は「A に〜を期待する」の意味で用いられます。

Don't expect too much of her.　「彼女に多くを期待しすぎてはいけない」

▶ **practice** [prǽktɪs] 名 **実際に行うこと**　「頭の中で考えていないで，それを実際の行動に移すこと」の意味です。「練習」という訳語を充てることもありますが，本問では不自然になります。

▶ **learn** [ləːrn] **to (*V*)** 熟 **〜できるようになる**　「技術の習得」について述べるときに使います。

My son has learned to swim.　「息子は泳げるようになった」

▶ **empire** [émpàɪər] 名 **帝国**　emperor [émpərər]「皇帝」が治める国のことです。the Inca Empire は「インカ帝国」の意味で，the Constitution of the Empire of Japan は「大日本帝国憲法」の意味です。

▶ **CE** [sìːíː] 名 **西暦紀元**　Common Era の縮約形です。「紀元後〜」は，従来は〜 AD でした。これはラテン語 Anno Domini の縮約形で「キリストの年」という意味です。しかし，キリスト教徒でない人にも受け入れやすい言い方として Common Era (CE) ができました。

▶ **remain** [rɪméɪn] ***C*** 自 **Cのままである**　remain は補語をとった場合にはこの意味になります。補語をとらない場合は「残る」です。

▶ **dominant** [dɑ́(ː)mɪnənt] 形 **支配的な，最も有力な**　dominate 〜 他「〜を支配する」の形容詞形です。domin- が「主人」の意味で，dome 名「ドーム」は「主人の住む家」が原義です。

▶ **the Western** [wéstərn] **world** [wəːrld] 名 **西欧世界**

第18回

解答・解説▶p. 148

The news upset me so greatly that I do not remember what I said then or even if I said anything.

70

解答・解説▶p. 150

Unfortunately the government seems to have tried to hide from young people the fact that nuclear weapons neither have promised nor will promise people security from an enemy's attack.

次の英文の日本語訳を書きなさい。そのとき，あなたが英文をどう読みとったのかがよく伝わるようにすること。語句の意味が分からない場合は，次のページにヒントがありますので，参考にしてもかまいません。

語句チェック ⑥⑨>>>⑦⓪

⑥⑨

▶ **news** [njuːz] **名 知らせ**　何でもない単語ですが，(1) 発音が日本語と違うこと，(2) 不可算名詞であることが大切です。よい知らせならgood news，悪い知らせならbad newsとなります。No news is good news.「便りのないのはよい知らせ」「一つのニュース」はa news itemと言います。

▶ **upset** [ʌ̀psét] **〜 他 〜の気持ちを動転させる**　元々は「〜をひっくり返す」という意味です。upset a vase「花瓶をひっくり返す」，upset our expectation「予想を覆(くつがえ)す」，upset my schedule「計画を狂わせる」など，様々な場面での使用が可能です。《upset＋人》の場合には，「人の気持ちを動転させる」という意味になります。なお過去形・過去分詞形は原形と同じupsetです。ここでは過去形です。

▶ **even** [íːvən] **副 さえも**　驚きの気持ちを表す副詞です。

Even children know that!「子どもでさえもそんなこと知っているよ！」

《even＋比較級》の場合は，「さらに」と訳すのが通例です。

Tom is 190 cm tall, but Jim is even taller.
「トムは身長190cmだが，ジムはさらに高い」

⑦⓪

▶ **unfortunately** [ʌnfɔ́ːrtʃənətli] **副 残念ながら**　文全体の評価を表す副詞で，文修飾の副詞と呼ばれています。訳は文頭で「残念ながら〜」とするか，文末で「〜とは残念だ」とします。

▶ **hide** [haɪd] ***A* from *B* 熟 AをBから隠す**　fromは「遠ざける」というイメージがあるので，しばしば妨害，禁止，隠蔽(いんぺい)などの意味の動詞と一緒に使われます。prevent *A* from *(V)ing*「Aが〜するのを妨げる」，prohibit *A* from *(V)ing*「Aが〜するのを禁止する」。なお，hide-and-seek 名 で「隠れて探すこと→かくれんぼ」です。

▶ **nuclear** [njúːkliər] **weapon** [wépən] **名 核兵器**　a nuclear familyなら「核家族」です。

▶ **promise** [prɑ́(ː)məs] ***A B* 他 AにBを約束する**　《give＋人＋物》や《buy＋人＋物》は非常によく見かける形ですが，この形をとる動詞はそれ以外にも《read＋人＋物》「人に〜を読んであげる」などがあります。promiseもこの形です。

▶ **security** [sɪkjúərəṭi] **名 安全**　何かの攻撃から守られているという意味での「安全」です。a security cameraなら「防犯・監視カメラ」です。

Obunsha

はじめに

「英語の成績が伸び悩んでいます」という声を受験生から聞くことが多いですが，その原因の一つは「テキトー」に読んでしまっていることです。英文の意味は「なんとなくは分かる」のだが肝心なところになると「テキトー」に読んでしまっているのです。だから，いつも「なんとなく分かる」ところだけを「テキトー」に読んで分かった気になっているのです。当然のことですが「テキトー」に読む人には「テキトー」な力しかつきません。「同格の that」なんて言っていませんか？そのような「分かったような分からないような」文法用語を使っている人は，that の本質が分かっていないことが多いのです。「テキトー」に読んでいる人がやる勉強は，①とりあえず単語集を丸暗記してみる（オボエラレナイケド），②文法の空所補充とか４択問題を数多く解いてみる（ヤッタキニハナル），③長文を数多く，復習もあまりせず，ただ読み飛ばす（イツモマチガウ）というのがパターンです。きちっと読むという訓練をしていませんから，応用もききません。よって伸びも遅いのです。

どうすれば伸びるのか。それは基本的な「分析力」を向上させることです。なんとなくは分かるのだけれど，きっちり文が読めないというレベルではいけません。この本では，同じポイントを含む文が何回も何回も出てきます。それは重要なポイントは「１回や２回やったぐらいで身につくわけがない」からです。「ポイント一つにつき一つの英文」あるいは「ポイント一つにつき一つの問題」というタイプの演習書をよく見ますが，それで力がつくとも思えません。語学はトレーニングです。ですから，語学を伸ばすための最低条件は「反復する」ことです。何事においてもそうですが，基本的な事項は身体が条件反射するぐらいに徹底しないといけません。「もう本当に飽きた」と思うぐらいにまで反復してください。見た瞬間に構造が「パッ」と分かるというレベルになるまで復習してください。健闘を祈ります！

今回改訂するに当たって，全英文と解説の見直しを行い，必要に応じて差し替えを行いました。また，問題と語句チェックを別冊にまとめ，音声についても，ダウンロードとストリーミングに加えて，スマートフォンアプリでも聞けるようにして，より学習しやすくなるようにしています。音声は講義も含めすべて新規録音です。

最後になりましたが，今回の改訂に当たりご尽力いただいたすべての関係者の方たちに感謝しております。みなさん，ありがとうございました。

2023 年７月　竹岡広信

解答・解説編 もくじ

（※ は竹岡先生の講義音声が付いている単元です。必ず聞くようにしてください）

竹岡 広信　たけおか ひろのぶ

駿台予備学校講師。学研プライムゼミ特任講師。竹岡塾主宰。『入門英文問題精講［4訂版］』『基礎英作文問題精講［3訂版］』（以上旺文社），『改訂新版 ドラゴンイングリッシュ基本英文100』（講談社），『必携英単語LEAP』（数研出版），『決定版 竹岡広信の英作文が面白いほど書ける本』（KADOKAWA），『竹岡の英語長文SUPREMACY 至高の20題』（学研），『英作文基礎10題ドリル』（駿台文庫），『東大の英語25カ年［第11版］』（教学社）ほか著書多数。

◎編集協力：日本アイアール株式会社
◎校正：長 祥史，大河恭子，渡邉聖子，株式会社友人社，笠井喜生（e.editors），石川道子，Jason A. Chau
◎装丁・本文デザイン：オガワデザイン（小川 純）
◎組版：幸和印刷株式会社
◎録音：ユニバ合同会社
◎ナレーション：Greg Dale, Ann Slater
◎編集担当：赤井美樹

本書の特長と使い方

本書の特長

◎英文解釈の本

本書は重要な英文法のポイントを含む英文を通して，英文の分析力を向上させる「英文解釈」の本です。英文の意味が正確に理解できるようになることを目標としています。

過去問題や予想問題など長文問題を解く前の時期に取り組んでください。ただし，実際に長文問題にあたってみて，解けなかった場合，その後に取り組むのもよいでしょう。

◎上・下巻のシリーズ

上巻（70英文収録）と下巻（71英文収録）の計2冊から成ります。上巻で扱っている文法のテーマは，動詞・接続詞・関係代名詞・不定詞・動名詞・分詞構文などの比較的基本的なもの，下巻は倒置形・強調構文・比較・仮定法・名詞構文・挿入・省略などの比較的発展的なものです。

◎同じポイントを繰り返し学習

本書には，同じポイントを含む英文が繰り返し出てきます。重要なポイントは一度や二度では身につかないためです。反復トレーニングを通して，知識を確かなものにしましょう。

◎詳しく丁寧な解説

竹岡先生の授業を生で聞いているかのような詳しく丁寧な解説で，すらすらと読み進められます。

◎英文の音声付き

全70の英文の音声が付いています（英文の音声は2度流れます）。パソコンでダウンロード・ストリーミングで聞くこともできますし，アプリをダウンロードしてスマホやタブレットで手軽に聞くこともできます（くわしくはp.8参照）。

◎竹岡先生の講義音声付き

特に重要なポイントを含む単元には，竹岡先生の講義音声が付いています。問題を解いて解説を読む前に聞いてみましょう。もくじ（p. 2〜4）から，どの単元に講義の音声が付いているかが分かるようになっています。

本書の使い方

1 別冊「熟考編」で問題を解く

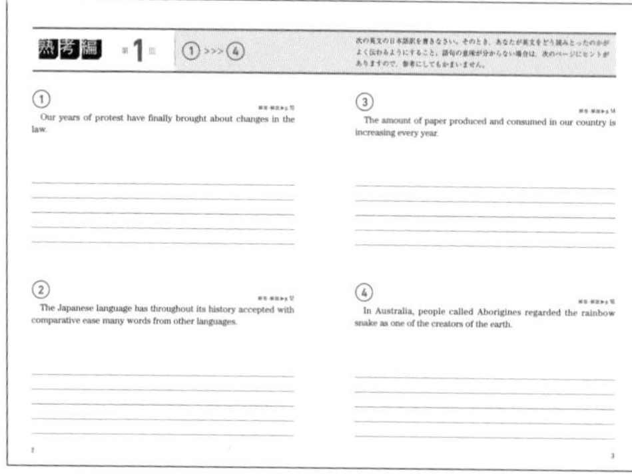

熟考編 第1回 ①>>>④

次の英文の日本語訳を書きなさい。そのとき，あなたが英文をどう読みとったのかがよく伝わるようにすること。語句の意味が分からない場合は，次のページにヒントがありますので，参考にしてもかまいません。

①
Our years of protest have finally brought about changes in the law.

②
The Japanese language has throughout its history accepted with comparative ease many words from other languages.

③
The amount of paper produced and consumed in our country is increasing every year.

④
In Australia, people called Aborigines regarded the rainbow snake as one of the creators of the earth.

2　3

◎問題

・全18回，1回あたり4問（最後の第18回のみ2問）の英文和訳問題があります。

・文構造に気をつけながら日本語訳を書きましょう。

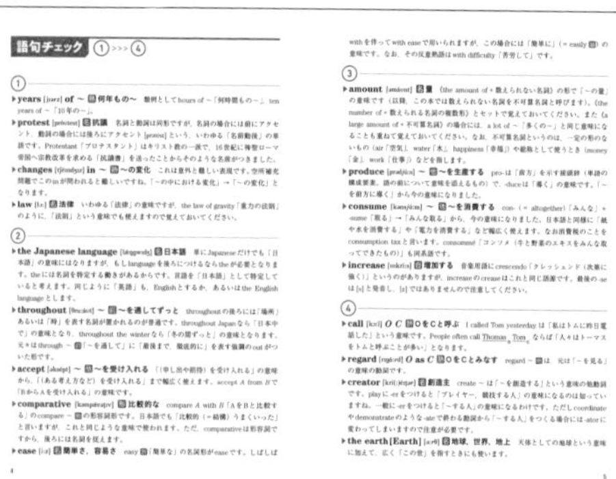

語句チェック ①>>>④

①

▶years [jɪərz] of ～ [熟]何年もの～　類例として hours of ～「何時間もの～」，ten years of ～「10年の～」。

▶protest [próutest] [名]抗議　名詞と動詞は同形ですが，名詞の場合には前にアクセント，動詞の場合には後ろにアクセント [prətést] という，いわゆる「名前動後」の単語です。Protestant「プロテスタント」はキリスト教の一派で，16世紀に神聖ローマ帝国へ宗教改革を求める「抗議書」を送ったことからそのような名前がつきました。

▶changes [tʃéɪndʒɪz] in ～ [熟]～の変化　これは意外と難しい表現です。空所補充問題でこの in が問われると難しいですね。「～の中における変化」→「～の変化」となります。

▶law [lɔː] [名]法律　いわゆる「法律」の意味ですが，the law of gravity「重力の法則」のように，「法則」という意味でも使えますので覚えておいてください。

②

▶the Japanese language [lǽŋgwɪdʒ] [名]日本語　単に Japanese だけでも「日本語」の意味にはなりますが，もし language を後ろにつけるなら the が必要となります。the には名詞を特定する働きがあるからです。言語を「日本語」として特定していると考えます。同じように「英語」も，English とするか，あるいは the English language とします。

▶throughout [θruːáut] ～ [前]～を通してずっと　throughout の後ろには「場所」あるいは「時」を表す名詞が置かれるのが普通です。throughout Japan なら「日本中で」の意味となり，throughout the winter なら「冬の間ずっと」の意味となります。元々は through ～ [前]「～を通して」に「最後まで，徹底的に」を表す強調の out がついた形です。

▶accept [əksépt] ～ [動]～を受け入れる　「（申し出や招待）を受け入れる」の意味から，「（ある考え方など）を受け入れる」まで幅広く使えます。accept *A* from *B* で「BからAを受け入れる」の意味です。

▶comparative [kəmpǽrətɪv] [形]比較的な　compare *A* with *B*「AをBと比較する」の compare ～ [動]の形容詞形です。日本語でも「比較的（＝結構）うまくいった」と言いますが，これと同じような意味で使われます。ただ，comparative は形容詞ですから，後ろには名詞を従えます。

▶ease [iːz] [名]簡単さ，容易さ　easy [形]「簡単な」の名詞形が ease です。しばしば with を伴って with ease で用いられますが，この場合には「簡単に」（＝easily [副]）の意味です。なお，その反意熟語は with difficulty「苦労して」です。

③

▶amount [əmáunt] [名]量　〈the amount of＋数えられない名詞〉の形で「～の量」の意味です（以降，この本では数えられない名詞を不可算名詞と呼びます）。〈the number of＋数えられる名詞の複数形〉とセットで覚えておいてください。また〈a large amount of＋不可算名詞〉の場合には，a lot of ～「多くの～」と同じ意味になることも重ねて覚えておいてください。なお，不可算名詞というのは，一定の形のないもの（air「空気」，water「水」，happiness「幸福」）や総称として使うとき（money「金」，work「仕事」）などを指します。

▶produce [prədjúːs] ～ [動]～を生産する　pro- は「前方」を示す接頭辞（単語の構成要素。語の前について意味を添えるもの）で，-duce は「導く」の意味です。「～を前方に導く」から今の意味になりました。

▶consume [kənsjúːm] ～ [動]～を消費する　con-（＝altogether）「みんな」＋-sume「取る」→「みんな取る」から，今の意味になりました。日本語と同様に「紙や水を消費する」や「電力を消費する」など幅広く使えます。なお消費税のことを consumption tax と言います。consommé「コンソメ（牛と野菜のエキスをみんな取ってできたもの）」も同系語です。

▶increase [ɪnkríːs] [動]増加する　音楽用語に crescendo「クレッシェンド（次第に強く）」というのがありますが，increase の crease はこれと同じ語源です。最後の -se は [s] と発音し，[z] ではありませんので注意してください。

④

▶call [kɔːl] *O C* [熟]OをCと呼ぶ　I called Tom yesterday は「私はトムに昨日電話した」という意味です。People often call Thomas Tom. ならば「人々はトーマスをトムと呼ぶことが多い」となります。

▶regard [rɪgáːrd] *O* as *C* [熟]OをCとみなす　regard ～ [動]は，元は「～を見る」の意味の動詞です。

▶creator [kri(ː)éɪtər] [名]創造主　create ～ は「～を創造する」という意味の他動詞です。play に -er をつけると「プレイヤー，競技する人」の意味になるのは知っていますね。一般に -er をつけると「～する人」の意味になるわけです。ただし coordinate や demonstrate のような -ate で終わる動詞から「～する人」をつくる場合には -ator に変わってしまいますので注意が必要です。

▶the earth[Earth] [əːrθ] [名]地球，世界，地上　天体としての地球という意味に加えて，広く「この世」を指すときにも使います。

4　5

◎語句チェック

・問題を解くときに単語や熟語の意味が分からない場合には，このページで確認してもOKです。

・問題を解き終わった後は，意味を知っている語句の解説も含め，すべてしっかりと読むようにしましょう。

◆解説中の英文記号

S ：主語	*(V)ing* ：動名詞・現在分詞
V ：述語動詞	*(V)p.p.*：過去分詞
O ：目的語	to *(V)* ：to＋原形動詞
C ：補語	※toのない原形動詞のことは「原形不定詞」と呼び，*(V)* で表します。
M ：修飾語	
接 ：接続詞	
助 ：助動詞	

2 本冊「解答・解説編」で答え合わせをして解説を読む

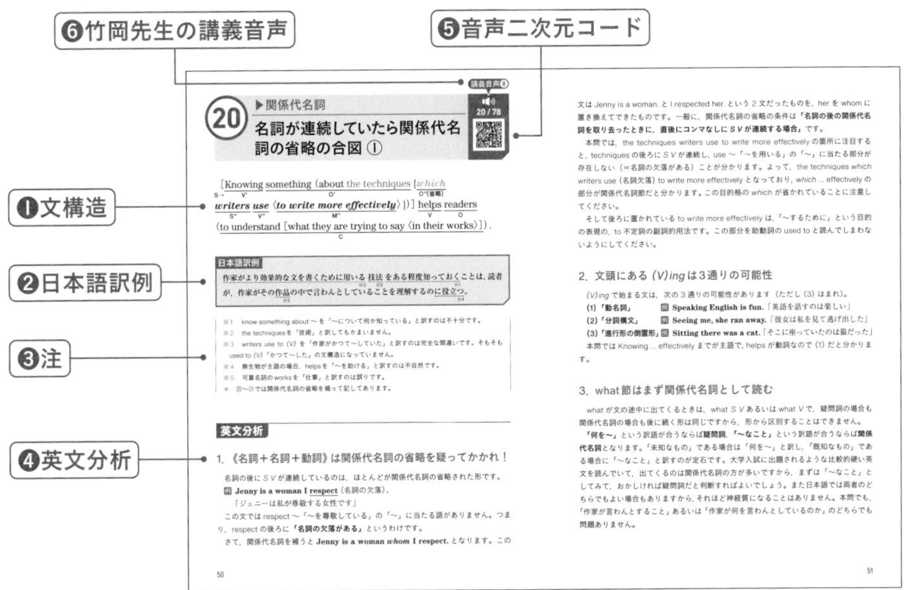

講義音声❻

20/78

20 ▶関係代名詞

名詞が連続していたら関係代名詞の省略の合図 ①

[Knowing something (about the techniques {*which* *writers use* 〈*to write more effectively*〉})] helps readers (to understand [what they are trying to say 〈in their works〉]).

日本語訳例

作家がより効果的な文を書くために用いる技法をある程度知っておくことは，読者が，作家がその作品の中で言わんとしていることを理解するのに役立つ。

※1 know something about ～ を「～について何か知っている」と訳すのは不十分です。
※2 the techniquesを「技術」と訳してもかまいません。
※3 writers use to (V) を「作家がかつて～していた」と訳すのは完全な間違いです。そもそもused to (V)「かつて～した」の文構造になっていません。
※4 無生物が主語の場合，helpsを「～を助ける」と訳すのは不自然です。
※5 可算名詞のworksを「仕事」と訳すのは誤りです。
＊ ⑳～㉘では関係代名詞の省略を補って記してあります。

英文分析

1.《名詞＋名詞＋動詞》は関係代名詞の省略を疑ってかかれ！

名詞の後に *S V* が連続しているのは，ほとんどが関係代名詞の省略された形です。

例 **Jenny is a woman I respect** (名詞の欠落).
「ジェニーは私が尊敬する女性です」

この文では respect ～「～を尊敬している」の「～」に当たる語がありません。つまり，respect の後ろに**「名詞の欠落がある」**というわけです。

さて，関係代名詞を補うと **Jenny is a woman *whom* I respect.** となります。この文は Jenny is a woman. と I respected her. という2文だったものを，her を whom に置き換えてできたものです。一般に，関係代名詞の省略の条件は**「名詞の後の関係代名詞を取り去ったときに，直後にコンマなしに *S V* が連続する場合」**です。

本問では，the techniques writers use to write more effectively の箇所に注目すると，techniques の後ろに *S V* が連続し，use ～「～を用いる」の「～」に当たる部分が存在しない（＝名詞の欠落がある）ことが分かります。よって，the techniques *which* writers use (名詞欠落) to write more effectively となっており，*which* ... effectively の部分が関係代名詞節だと分かります。この目的格の *which* が省かれていることに注意してください。

そして後ろに置かれている to write more effectively は，「～するために」という目的の表現の，to 不定詞の副詞的用法です。この部分を助動詞の used to と読んでしまわないようにしてください。

2. 文頭にある *(V)ing* は3通りの可能性

(V)ing で始まる文は，次の3通りの可能性があります（ただし (3) はまれ）。

(1)「動名詞」 例 **Speaking English is fun.**「英語を話すのは楽しい」
(2)「分詞構文」 例 **Seeing me, she ran away.**「彼女は私を見て逃げ出した」
(3)「進行形の倒置形」 例 **Sitting there was a cat.**「そこに座っていたのは猫だった」

本問では Knowing ... effectively までが主語で，helps が動詞なので (1) だと分かります。

3. what節はまず関係代名詞として読む

what が文の途中に出てくるときは，what *S V* あるいは what *V* で，疑問詞の場合も関係代名詞の場合も後に続く形は同じですから，形から区別することはできません。

「何を～」という訳語が合うならば**疑問詞**，**「～なこと」**という訳語が合うならば**関係代名詞**となります。「未知なもの」である場合は「何を～」と訳し，「既知なもの」である場合に「～なこと」と訳すのが定石です。大学入試に出題されるような比較的硬い英文を読んでいて，出てくるのは関係代名詞の方が多いですから，まずは「～なこと」としてみて，おかしければ疑問詞だと判断すればよいでしょう。また日本語では両者のどちらでもよい場合もありますから，それほど神経質になることはありません。本問でも，「作家が言わんとすること」あるいは「作家が何を言わんとしているのか」のどちらでも問題ありません。

50　51

◎解答解説

・特に分かりづらかった部分を中心に，文構造（❶）を確認しましょう。

・解答した自分の訳と日本語訳例（❷）を見比べて，合っているかを確認しましょう。すぐ下の注（❸）には，別解や間違いやすい例が書かれていますので参考にしてください。

・解答が間違っていたときはもちろん，合っていた場合も，解説の英文分析（❹）を読んで理解を深めましょう。

・二次元コード（❺）を読み取れば，英文の音声をスマホやタブレットで聞くことができます。竹岡先生の講義音声（❻）が付いている単元もあります。

◆文構造の記号

(　)：形容詞句	S V O C ：主節の要素
〈　〉：副詞句・副詞節	S' V' O' C' ：従属節の要素
[　]：名詞句・名詞節	［　　　］：等位接続詞
{　}：関係詞節	*that*, ~~being~~：省略されている語句

音声の利用法

本書では，音声をパソコン・スマートフォン・タブレットを使って無料でご利用いただけます。音声の番号は 01のように二次元コードの上に表示しています。

◎パソコンで聞く方法

① インターネットで以下の専用サイトにアクセス

https://service.obunsha.co.jp/tokuten/jukko/1/

⬇

② 以下のパスワードを入力

パスワード：jukko1（※すべて半角英数字）

⬇

③ 音声ファイルをダウンロードまたはウェブ上でストリーミング再生

注意　◎ダウンロードについて：スマートフォンやタブレットでは音声をダウンロードできません。 ◎音声ファイルはMP3形式です。ZIP形式で圧縮されていますので，解凍（展開）して，MP3を再生できるデジタルオーディオプレーヤーなどでご活用ください。解凍（展開）せずに利用されると，ご使用の機器やソフトウェアにファイルが認識されないことがあります。デジタルオーディオプレーヤーなどの機器への音声ファイルの転送方法は，各製品の取り扱い説明書などをご覧ください。 ◎ご使用機器，音声再生ソフトなどに関する技術的なご質問は，ハードメーカーもしくはソフトメーカーにお問い合わせください。 ◎音声を再生する際の通信料にご注意ください。 ◎本サービスは予告なく終了することがあります。

◎スマートフォン・タブレットで聞く方法（アプリ）

音声を旺文社公式リスニングアプリ「英語の友」でも聞くことができます。

https://eigonotomo.com/

① 「英語の友」で検索の上，公式サイトよりアプリをインストール，
（右の二次元コードから読み込めます）

⬇

② アプリ内のライブラリよりご購入いただいた書籍を選び，
「追加」ボタンをタップ

注意　◎本アプリの機能の一部は有料ですが，本書の音声は無料でお聞きいただけます。 ◎アプリの詳しいご利用方法は「英語の友」公式サイト，あるいはアプリ内のヘルプをご参照ください。 ◎本サービスは予告なく終了することがあります。

大学受験のための

英文熟考

［改訂版］

解答・解説編

▶動詞

動詞を見たら他動詞か自動詞かを考える

Our years (of protest) ***have*** finally ***brought*** about changes (in the law).

S: Our years (of protest) / 助: have / M_1: finally / V: brought / M_2: about / O: changes (in the law)

日本語訳例

私たちが何年も抗議 ※1 したためにその法律がついには ※2 改正された ※2。

※1　Our years of protest は「抗議の私たちの数年」が直訳ですが，それでは日本語として不自然なので，前から「私たちが何年も……」というように訳します。類例として two weeks of rain「2週間におよぶ雨」，hundreds of people「何百という人々」などがあります。なお protest の訳に「抵抗」は認められません。

※2　... brought about changes in the law は「……がその法律における変更をもたらした」が直訳ですが，「……のためにその法律が改正された」とすると日本語が整います。the law の the は「話題となっている法律」であることを示す働きです。

英文分析

1. 動詞を見たら他動詞か自動詞かを考える

例 **We live in an apartment.** 「私たちはアパートに住んでいる」

このinは後ろに名詞（= an apartment）が置かれているので前置詞に分類されます。ところが，**Please come in.**「どうぞ入って」の場合は，inの後ろに名詞がありません。前置詞は「名詞の前に置く」から「前置詞」なわけですから，後ろに名詞がなければ前置詞ではなく，副詞の扱いになります。come inのinは「中に」という副詞です。

同じように，**Go down this road.**「この道を行きなさい」ではdownは前置詞ですが，**Please sit down.**「どうぞ座ってください」のdownは後ろに名詞がありませんから副詞ということになります。

downやin以外でも，かなりの前置詞が副詞としても使えますから，これからは注意して**「これは前置詞なのか副詞なのか？」**と考える癖をつけてみてください。

では，**I gave back the three books to Sam.**「私はサムにその3冊の本を返した」のbackはどうでしょうか。gave ～ は通例「～を与えた」という他動詞（＝目的語を必要とする動詞）なので，その目的語が必要です。よって，backが前置詞では困ったことになるのです。つまりこのbackは副詞です。この場合**I gave the three books back to Sam.**としても間違いではありません。このような熟語はgive back ～ でなくgive ～ backと覚えた方が，backを副詞として理解しやすくなります。

ではbring about ～ はどうでしょうか？　まずbring ～ は「～を持ってくる」という意味でしたね。ということは目的語を必要とする他動詞ですから，aboutは副詞ということになります。またbringは通例，《bring＋目的語＋場所を示す副詞（句）》（注：「句」とは2語以上のカタマリのこと）「～を…に持ってくる」の形で使われます。よってaboutは場所を示す副詞だと分かります。

aboutはどういう意味でしょうか。about threeで「およそ3」でしたね。そこからイメージできるとおり，aboutは「（何かを中心としてその）周辺に，あたりに」という意味なのです。ですからbring about ～ は「～をあたりに持ってくる」が直訳となります。そして日本語を整えて「～を引き起こす」という訳が充てられているのです。これからはbring ～ about「～を引き起こす」と暗記しておいてください。本問ではOur years of protest have finally brought changes in the law *about*. と書いてもかまわないのですが，そうすると被修飾語のbringと修飾語のaboutがかなり離れてしまうのであまりよい文とはいえなくなってしまうわけです。

2. 修飾する・される要素は近い所に置く

完了形《have＋過去分詞》のhaveと過去分詞の間に副詞が挿入されることがあります。これは，修飾する語と修飾される語を，できるだけ近くに置くことで，**両者の修飾関係を明らかにする**ためです。次の文ではalready「既に(すで)」が，finishedを修飾することを明示するために，その直前に置かれています。

例 **We have *already* finished the report.**
「私たちは既にその報告書を書き終えた」

本問でfinallyはbroughtの後ろに置くとaboutとの関係が紛らわしく，aboutとbroughtとの関係も分かりにくくなるので，haveの直後に置かれていると思われます。

▶動詞

前置詞のついた名詞は目的語にはならない

The Japanese language (S) has (助) ⟨***throughout its history***⟩ (M_1) accepted (V) ⟨***with comparative ease***⟩ (M_2) many words (O) ⟨from other languages⟩ (M_3).

日本語訳例

日本語は，その歴史を通じて，比較的簡単に※1多くの言葉を他の言語から※2受け入れてきた。

※1　with comparative ease は「比較的な簡単さをもって」が直訳ですが，このままでは不自然なので「比較的簡単に」とします。

※2　from other languages を「他の言語からの」というように形容詞句として訳しても間違いではありません。ただ，accept *A* from *B* で「BからAを受け入れる」と覚えておきましょう。

英文分析

多い間違いは，「比較的簡単な多くの単語を受け入れた」とするものです。このように考えてしまった人は，次のことが分かっていません。

(1) accept ～「～を受け入れる」は**他動詞**なので，目的語をとる場合 with などの**前置詞は必要としない。**

(2) ease「簡単さ」は，easy「簡単な」の名詞形であり，many words を修飾できない。品詞識別はしっかりやってください。

1. 他動詞は常に目的語を予測すること

日本語では目的語を省略することは普通です。例えばクッキーを手に持って「食べる？」と相手に尋ねると，「食べる」の目的語はクッキーだと分かります。ところが，英語の他動詞では，通例目的語を省略することはあまりありません。ですから，accept ～「～を受け入れる」という他動詞を見たら「目的語はどこかな？」と考える習慣をつけなければなりません。

またそのような習慣をつけるために，**他動詞は「〜を」をつけて覚える**ようにしましょう。accept なら「受け入れる」ではなく，「〜を受け入れる」と覚えるのです。

2. 前置詞のついた名詞は目的語にはならない

一般に**《前置詞＋名詞》**は**副詞句**あるいは**形容詞句**の働きをする修飾語です。《前置詞＋名詞》の直前に名詞があれば形容詞句である可能性があり，そうでなければ副詞句になります（一部の熟語的な表現は除きます）。次の例では〈　〉が副詞句で，（　）が形容詞句です。

例1 **〈In the U.K.〉, many people love gardening.**
「イギリスでは，多くの人々がガーデニングを愛している」

例2 **Many people (in the U.K.) love gardening.**
「イギリスの多くの人々がガーデニングを愛している」

例3 **I borrowed two books 〈from the library〉.**
「図書館から本を２冊借りた」

例4 **I met two people (from the U.K.)**
「イギリス出身の二人と会った」

例1 の In the U.K. は直前に名詞がないので副詞句です。これを many people を修飾する形容詞句と読むことはできません。

一方，例2 の in the U.K. は形容詞句です。これを，love を修飾する副詞句と読むことはできません。

例3 例4 のように文末に《前置詞＋名詞》が置かれていて，直前に名詞がある場合は，その《前置詞＋名詞》が形容詞句か副詞句かを**文脈から判断**します。例3 は，borrow *A* from *B*「A を B から借りる」という成句なので，副詞句と判断します。例4 は，副詞句と考えると「二人の人とイギリスから会った」となり意味が通りません。よって形容詞句と判断するわけです。

本問では throughout its history の前に名詞がないので「その歴史を通じてずっと」という意味の副詞句だと分かります。同様に，with comparative ease も「比較的容易に（←比較的な容易さをもって）」という意味の副詞句をつくっていることが分かります。これら二つの副詞句は共に accepted という動詞を修飾しています。修飾関係が分かりやすいように，それぞれが accepted の前後に置かれていると考えてください。

なお文末の from other languages は，accept *A* from *B*「B から A を受け入れる」という成句の一部で副詞句です。from *B* を形容詞句と考えても間違いではありません。

講義音声③

03 / 73

▶動詞

過去分詞形の後置修飾に慣れよう①

The amount (of paper (***produced*** **and** ***consumed*** ⟨***in our country***⟩)) is increasing ⟨every year⟩.

S　V　M

日本語訳例

我が国で生産され消費されている紙の量は年々増加している。

※1・※2

※1　「我が国では毎年多くの紙が生産され消費されている」の類いの訳は，文構造を無視しているので×です。「なんとなくこんなことが書いてあるのかな？」というレベルでは点数はもらえません。

※2　「生産され我が国で消費されている」という訳は誤りです。in our country という副詞句は，produced と consumed の両方を修飾しています。また「我が国で生産され消費された」とするのは不自然です。「我が国の紙の生産量と消費量」とするのは可です。

英文分析

文中に動詞らしきものが複数あったら**「どれが中心になる動詞なのか」を探す**という視点をもってください。

1. 文の中心になる動詞ではない過去分詞形の用法

まず文頭から読んでいきます。The amount of paper は「紙の量」ですね。そして，次に produced とありますが，これがこの文の中心の動詞だと考えると「紙の量が……を生産した」となりますが，だとすれば「……」に当たる目的語となる名詞が produced の後ろにくるべきです。ところが，そのような名詞は存在しません。ですからこの produced はこの文の中心の過去形の動詞にはなりません。produced が過去形でないとすれば，過去分詞形ということになりますね（活用：produce - produced - produced）。

2．過去分詞は名詞を修飾する働きをもつ

普通，過去分詞形は《be 動詞＋過去分詞形》で，受動態をつくります。

例1 **A large amount of paper *was produced* in this plant last year.**

「大量の紙が昨年この工場で生産された」

ところが，本問の produced の前には be 動詞がありませんから受動態ではありません。そこで，過去分詞の他の用法を思い出してください。

過去分詞は，形容詞と同じように名詞を修飾することができます。またその場合，**名詞の後ろに置く**ことも可能です。

例2 **Yesterday I bought a clarinet *made of plastic*.**

「昨日，プラスチック製のクラリネットを買った」

日本語では《形容詞＋名詞》の語順が普通ですが，英語では《名詞＋形容詞》になることもあります。このように形容詞(句)が名詞を後ろから修飾することを**「後置修飾」**といいます。

以上から，The amount of paper produced の部分は「生産された紙の量」と読めばよいと分かります。この文の中心となる動詞はこの後に探すことになります。

3．andの前後は同じ形・働きのものが置かれる

consumed は produced と同様に，目的語が後ろにないことから過去分詞形であることが分かります。あとは，and が produced と何をつなぐかですが，前から読んでいくと「生産されたそして消費された」＋「我が国で」ですね。in our country が consumed だけを修飾していると読むと，消費された場所だけが書いてあることになりますが，それは不自然です。よって in our country は produced and consumed を修飾していると考えればいいわけです。この英文なら簡単ですが，and / but / or を見たら，必ずこのように「その前後で何と何がつながれているか」を考える習慣をつけてください。

以上から，The amount of paper が主語で，produced ... country が主語の説明部分，is increasing が**中心となる動詞**だと分かります。

4．every yearは副詞句

時を表す名詞（例：day，week，month，year，morning，Sunday，summer など）の前に，every，last，(the) next，this などが置かれると，副詞句になります。前置詞は不要です。(英文㉞参照)

例 × **in this morning**　○ **this morning**

▶動詞

過去分詞形の後置修飾に慣れよう ②

〈In Australia〉, people (***called Aborigines***) regarded the rainbow snake as one (of the creators (of the earth)).

(In Australia: M / people (called Aborigines): S / regarded: V / the rainbow snake: O / one (of the creators (of the earth)): C)

日本語訳例

オーストラリアでは※1，アボリジニと呼ばれる人々はレインボースネーク※3を地球の創造主※4の一つとみなしていた※2。

※1　In Australia は副詞句なので「オーストラリアの人々」と読むのは間違いです。

※2　regarded は過去形なので，現在形の訳である「みなしている」は誤りです。

※3　「レインボースネーク」は「虹の蛇」でも可です。the rainbow snake の the は，「アボリジニの人々の中では特定可能な」という意味合いです。訳は不要です。アボリジニは自然を崇拝し，そこに存在する精霊を信仰しています。レインボースネーク「虹の蛇」とは，神話の中で，創世記"ドリームタイム"に大地を創造した神のことです。

※4　ここでの creator の訳として「創造者」も可です。「クリエーター」とするのは認められません。

英文分析

1. 《前置詞＋名詞》の二つの働き

In Australia, people ... を「オーストラリアの人々」と読むのは間違っています。もしそのような意味にしたければ people in Australia とします。つまり《前置詞＋名詞》が形容詞として名詞を修飾する場合には，名詞の直後に置かれます。それ以外の《前置詞＋名詞》は，原則として副詞句の働きをします。ですから，本問では「オーストラリアでは，人々は」という具合に，In Australia を副詞句として読みとるわけです。

2. 過去分詞は名詞を修飾する働きをもつ

文中には動詞に見えるものが called と regarded の二つあります。どちらかが中心となる動詞の過去形のはずです。people called Aborigines の called が中心的な動詞と考えると，「人々がアボリジニに電話した」となります。ここまでを OK とした場合，後ろに置かれている動詞 regarded の働きが分からなくなってしまいます。

ここでは，この called が過去形ではなく過去分詞形であることに気がついたかどうかが最大のポイントです。called Aborigines の部分が，直前の名詞 people を修飾しているわけです。つまり「called Aborigines が people を**後置修飾している**」ということです。下の例を見てください。

例1 **Those cars are produced in Japan.** 「それらの車は日本で生産されている」
→ **cars (produced in Japan)** 「日本で生産されている車」

ただし，call *O C* や give *O O* などでは，過去分詞の後ろに名詞が置かれることがあります。

例2 **A boy was given a map.** 「ある少年に地図が与えられた」
→ **a boy (given a map)** 「地図を与えられた少年」

(　) でくくられた部分が形容詞としての働きをしているわけです。上や英文③で述べた「後置修飾」ですね。よって本問の中心の動詞は regarded だということが分かります。

3. *S V O* as *C* のタイプの第5文型

S V O as *C* の形をとる動詞の代表が see と regard です。どちらも「見ている」が原義です。as は「だいたい等しい」ことを示す「つなぎ語」です。ですから **regard *O* as *C*** は「O を C のようだと見る」という意味です。そこから**「O を C とみなす」**という訳が出てきました。なお，この as は辞書の分類では「前置詞」となっていますが，この as の後ろには形容詞（句）が置かれることもありますので，「前置詞」と考えずに「補語を示す働きのつなぎ語」と考えてもよいと思います。

一般的に as は「だいたい等しい」ことを示す「ゆるーい」接続語なのです。ですから regard *O* as *C* は，昔は「O は C みたいな感じのものだと思う」という意味だったのが，変化して現在のような意味をもつようになりました。

4. 《the＋名詞＋形容詞句》の the は訳さない

例えば the capital of Italy「イタリアの首都」の the は，of Italy の限定によって特定される capital であることを示します。よって，この the は訳しません。本問の the creators of the earth の the も訳しません。

5 ▶動詞
過去分詞形の後置修飾に慣れよう ③

The issue (of obesity) (rarely ***discussed before***) has attracted more public attention 〈because of the documentary film〉.

(The issue (of obesity) (rarely discussed before) = S, has = 助, attracted = V, more public attention = O, because of the documentary film = M)

日本語訳例

その記録映画[※4]によって，以前はめったに議論されることはなかった肥満という問題[※1]に，人々がより多くの関心を寄せるようになった[※2・※3]。

※1　The issue of obesity の of は「同格関係を示す of」なので，「～という」という訳語が適切ですが，「の」でも×ではありません。

※2　has attracted more public attention は「より多くの大衆の注意を引いた」でも可ですが，訳例ではより自然な日本語になるように意訳しています。more の訳を抜かさないように注意してください。

※3　ここでの public は「公共の，公衆の」などの訳語は不適切です。

※4　the documentary film の the は訳した方がいいでしょう。「ドキュメンタリー映画」は日本語にはなっていますが，英語の試験では「記録映画」と訳すべきでしょう。（英文㉟参照）

英文分析

1. 過去分詞は名詞を修飾する働きをもつ

本問には動詞らしきものが discussed と attracted の二つあります。どちらが中心となる動詞なのか，それぞれ前後のつながりを確認してみましょう。

The issue ... discussed を見て「その問題はめったに論じなかった」とするのはダメです。discuss ～ は「～を論じる」という他動詞ですから，後ろに「～を」に当たる目的語が必要ですが，見当たりません。よって，そのような読み方はできません。また「その問題は論じられなかった」とするのもダメです。その場合には The issue was rarely discussed と，《be 動詞＋過去分詞形》の受動態にする必要があります。

以上から，discussed は過去分詞の別の用法である形容詞の働きで，前の名詞を**後置修飾している**ことが分かります。

《the＋名詞＋形容詞句》の場合, the を「その」と訳すのは間違いです（英文④参照）。よって本問の The issue of ... の The は，形容詞句で名詞が限定されたことを示す働きにすぎず，訳しません。

2. 英語は「主語を省略しない」が原則

まず，before の用法の整理をしておきます。

例1〔接続詞〕 **I went to her house *before* I left for Australia.**
「私はオーストラリアへ出発する前に彼女の家に行った」

例2〔前置詞〕 **I went to her house *before* six.**
「私は6時より前に彼女の家に行った」

例3〔副　詞〕 **I have never been to New Zealand *before*.**
「私は以前にニュージーランドへ行ったことはない」

日本語では主語の省略は頻繁に見られます。ところが英語では，**主語は普通省略されません。**例えば **例1** の，before 以下の文の主語である I を省略して，× I went to her house before left for Australia. とはできません。本問も, before を接続詞として before has attracted ...「……の関心を引く前に」と読むことは，主語がないことから間違いとなります。

また，本問の before は後ろに名詞がないことから前置詞でもありません。以上から，本問の before は「以前に」という意味の副詞と考えるのが適切だと分かります。この before は直前の discussed を修飾しています。

3. more の意味

more は，many「(可算名詞が）多くの」の比較級か，much「(不可算名詞が）多くの」の比較級になります。あるいは more beautiful「より美しい」のように形容詞，副詞を比較級にする働きをもちます。本問の more は，more public か more attention の可能性がありますが，public「公(おおやけ)の，大衆の」は**比較級をもちません。**よって，more attention「より多くの注意」だと分かります。

例 **In the last twenty years, humans have made more scientific progress than in the previous century.** 「過去20年において，人間は前の100年において以上に科学におけるより多くの進歩を遂げてきた」

scientific「科学の，科学上の」は比較級をもたないので, more は progress を修飾しています。

▶動詞

過去分詞形の後置修飾に慣れよう④

〈In order to promote his products〉$_{M_1}$, Sir Thomas Lipton$_{S}$ had$_{V}$ men (***dressed as Indians***)$_{O}$ march$_{C}$ 〈through the city〉$_{M_2}$ 〈with placards〉$_{M_3}$.

日本語訳例

トーマス・リプトン卿（きょう）※1は，自らの製品の販売促進のために，インド人の格好をした※3従業員※2にプラカード※5を持って町中を行進※4させた。

※1　この英文では，固有名詞より先にhisが出てきますが，日本語訳ではまず固有名詞を示すべきです。よって「彼の製品の販売促進のために」から始めるのは避けましょう。なおSirは英国でナイト爵・准男爵に対する尊称です。

※2　この文でのmenは「従業員」の意味なので「男たち」は避けましょう。

※3　men dressed as Indiansを「従業員にインド人の格好をさせて」とするのは文構造を無視した訳なので不適切です。「インド人として服を着せた従業員」が直訳です。「インド人に扮（ふん）した従業員」は可です。

※4　marchは「(練り) 歩く」という訳語でも可です。

※5　この文脈では「貼り紙，ビラ，ポスター」などの訳語は不自然です。

英文分析

Sir Thomas Lipton「トーマス・リプトン卿」は，英国の実業家であり，紅茶商を営んでいました。今でも「リプトン紅茶」というブランドがありますね。

1. in order to *(V)*「～するために」

in order to *(V)* は，「～するために」という意味です。orderは「命令する」が原義ですから，「～するように自分に命令する」という意味から発展してできた熟語です。

例 **Last year I studied hard in order to pass the exams.**

「昨年，私は試験に合格するために一生懸命勉強した」

to (*V*) だけでも「～するために」の意味で使えますが，to (*V*) は様々な用途があるので，意味が曖昧(あいまい)になってしまうことがあります。それに対して，in order to (*V*) は，その意味が「～するために」と明確になります。

2. 使役動詞 have の用法

一般に双方の合意の上で**「人に～をやってもらう・やらせる」**と言うときには**《have＋人＋原形不定詞 (*V*)》**の形を用います（原形不定詞については p.6 参照）。この表現は，「何かをやって当然の人にやってもらう」「プロにお金を払ってやってもらう」などの文脈で用いられます。

例1 **I had a waitperson bring me a glass of water.**

「ウェイターに水を一杯持ってきてもらった」

例2 **I had him repair my car.**

「彼に車を修理してもらった」

例3 **The teacher did not have his students do their homework.**

「その教師は生徒に宿題をやらせなかった」

例1 の訳は，「ウェイターに水を一杯持ってきてもらった」あるいは「ウェイターに水を一杯持ってこさせた」とすることができます。日本語では，「持ってきてもらった」は丁寧な言い方で，「持ってこさせた」は横柄な言い方ですが，英語ではどちらの場合も同じ表現になります。

また，**《have＋*O*＋過去分詞形 (*V*) *p.p.*》**の形でも用いられ，その場合も「双方の合意の上でやってもらう」という意味は同じなのですが，《*O*＋過去分詞形》の部分が**受動態**の関係になっていることに注意してください。

例 **We had our picture taken with the beautiful sunset behind us.**

「私たちは美しい夕焼けを背景に写真を撮ってもらった」

上の例文では，our picture was taken という文が隠れています。

なお，本問では had＋men (dressed as Indians)＋march の形で，「インド人の服を着た従業員に行進させた」となっています。この dressed は過去分詞形で，dressed as Indians が men を修飾しています。

もし，$\underline{\text{had}}_{V}$＋$\underline{\text{men}}_{O}$＋$\underline{\text{dressed as Indians}}_{C}$ と読んでしまうと，march が余ってしまい，その読み方は間違いであると分かります。

▶接続詞ほか

文と文をつなぐには接続詞が必要

You may have received a notice (of acceptance (to the university)), **but** you will have to submit a number of documents 〈***before*** you can be officially admitted 〈as a student〉〉.

(You: S_1 / may: 助$_{1-1}$ / have: 助$_{1-2}$ / received: V_1 / a notice (of acceptance (to the university)): O_1 / but: 接 / you: S_2 / will: 助$_{2-1}$ / have to: 助$_{2-2}$ / submit: V_2 / a number of documents: O_2 / M→ before: 接 / you: S' / can: 助' / be: V' / officially: M'_1 / admitted: V' / as a student: M'_2)

日本語訳例

大学への[※4]合格通知書を[※3]受け取った[※1]かもしれないが[※2]，学生として[※8]正式に[※7]入学を認められるためには[※6]，いくつもの[※5]書類を提出する必要があるだろう。

※1　ここでのYouはある特定の大学の学生を指しています。よって「あなた（がた）」と訳しても間違いではありません。

※2　mayは「譲歩」を表しているので，「〜だろう」のような強い表現は避けてください。

※3　a notice of acceptanceは「承諾の通知書」の意味もありますが，ここでは「大学への入学の承諾通知書」なので「合格通知（書）」とするのが適切です。

※4　the universityのtheは，この文の書き手と読み手との間の共通認識であることを示すtheなので訳す必要はありません。

※5　a number of 〜 は「多くの〜」の意味ではありません。「意外と多い」という気持ちを表す場合に使われる熟語です。

※6　before you can ... は「……できる前には」が直訳ですが，「……するためには」と意訳することができます。

※7　この文脈では「公式に」は不自然です。

※8　大学生のことなので「生徒として」は不自然です。

英文分析

1. butの後ろには「主張」がくる

mayがあればbutを探してみてください。もしあれば，**may**を含む文は**「譲歩」**となります。「譲歩」とは「譲り歩む」こと。つまり，but 以降の自分の主張を効果的に進めるためにいったん引き下がることです。日本語でも「〜かもしれないが…」とあれば，「〜」の部分が譲歩になります。

本問では，You may have received a notice of acceptance to the university「大学への合格通知を受け取ったかもしれない」の部分が譲歩です。「合格通知は受け取ったかもしれないが」という内容から，この後には「まだ何かが待ち受けている」ということを予測しながら読みましょう。

2. 文と文をつなぐには原則として接続詞が必要

本問の but は，You may have received ... と you will have to ... という二つの文をつないでいます。そして，本問のポイントは before の品詞は何かということです。

before には**〔接続詞〕〔前置詞〕〔副詞〕**の役割がありましたね（英文⑤参照）。もし本問の before が副詞だとすると，you will have to submit ... documents before までが一つの文になりますが，後ろにも you can ... という文が続くことになります。ところがそれでは文と文をつなぐ接続詞はありませんから，おかしいと判断します。《前置詞＋名詞》で before you「あなたの前に」と読んだ場合でも，後ろの can ... に対応する主語がないのでダメです。以上から before は接続詞だと分かります。

なお before *S* can *V* で「S が V できる前には」→「S が V できるためには」とすることができることを，併せて覚えておいてください。

3. 前置詞の as の働き

前置詞の as は大きく分けて二つの用法があります。

(1)「〜として」

例1 **This school building used to serve as a military factory.**
「この学校の建物はかつて軍需工場としての役目を果たしていた」

例2 **I regard Canberra as my second hometown.**
「私はキャンベラを第二の故郷とみなしている」

例2 のように《動詞＋〜＋as ...》「〜を…とみなす」の形も頻出です。regard 以外にも see，view，look on などが使われます。

(2)「〜なとき」

例3 **I lived in Australia for two years as a child.**
「子どもの頃オーストラリアで2年暮らしたことがある」

この意味では，as a boy「少年の頃」，as children「子どもの頃」など，ある特定の時代を想起させる名詞を伴います。

本問の as a student の as は，文脈上 **(1)** の用法です。

▶接続詞ほか

if S Vは二通りの可能性を検証しよう

〈When I *asked* the college student [***if*** he could talk about Japanese literature]〉 he was at a loss 〈for an answer〉.

M→接 S' V' O'1 O'2 / S V C M

日本語訳例

その大学生に，日本文学について語れるかどうか尋ねたとき，彼は答えに詰まった。
※2 ※3 ※1 ※4

※1　askedの訳として「聞いた」も許容範囲とします。
※2　the college studentは「その大学生」と訳します。
※3　このifは名詞節を導き「～かどうか」という意味です。よって，ifを「もし～」と訳すのは大きなミスです。
※4　*be* at a loss for ～ は「～を求めて途方に暮れる」という意味です。単に「答えられなかった」では不十分です。「どう答えたらいいのか困っていた」「答えに窮した」などなら可です。「答えを失った」は誤訳です。

英文分析

1. 《接続詞＋*S V*》は副詞の働きもする

例 **When I was younger (,) I lived in Tokyo.** 「私は若い頃，東京に住んでいた」

この文の When I was younger の品詞は何でしょうか？　別にそんなことどうでもいいような気がしますが，文をきちんと読むためには覚えておいてもらいたい事項なのです。文法上，この When I was younger は動詞 lived を修飾していると考えます。動詞を修飾するのは副詞ですから，結局 When I was younger 全体が副詞ということになります。quickly「素早く」や gradually「徐々に」などの 1 語の副詞ではなく，*S V*を含む副詞というわけです。このような 2 語以上からなる ***S V*を含むカタマリ**を**「節(せつ)」**といいます。そのカタマリが副詞をつくっている場合には副詞節ということになります。本問では When ... literature までが副詞節になっています。

2. if *S V*は二通りの可能性を検証する

一般に動詞の後の《接続詞 if＋*S V*》には次の二つの可能性があります。

例1 **I asked her [if she understood me].**
「私の言うことを理解しているかどうかを彼女に尋ねた」

例2 **I told her to raise her hand 〈if she understood me〉.**
「私の言うことを理解しているのなら手を挙げるように彼女に言った」

例1 では，if は**「〜かどうか」**という意味で，後ろの文を**名詞節**にまとめる働きをしています。この文の if を「(もし) 〜なら」と考えると，「もし私の言うことを理解しているなら，私は彼女に尋ねた」という意味の分からない文になってしまいます。

例2 では，if は**「(もし) 〜なら」**という意味で，後ろの文を**副詞節**にまとめる働きです。

if を見たら必ず，上の 例1 と 例2 の二つの可能性を考えてください。ただし，If 〜 で始まる文の場合には，自動的に「(もし) 〜なら」の意味になりますから，その場合は悩む必要はありません。

本問の if を「(もし) 〜なら」とすると，「私はその大学生に尋ねたとき，もし彼が日本文学について語れるのなら，その大学生は答えに詰まった」となり，これでは意味不明ですね。ですから，この if は「〜かどうか (ということ)」で，if 節全体で asked の目的語になっています。

3.《be 動詞＋前置詞＋名詞》の分析

例 **Tigers are in danger of extinction.** 「トラは絶滅の危機にある」

この文の，in danger of extinction は副詞句でしょうか？　それとも形容詞句でしょうか？　前者の場合には，be 動詞は「存在している」の意味となり，「トラは絶滅の危機の中に存在している」という意味になり，後者の場合は，be 動詞は「主語と補語をつなぐ働き」となり，「トラは絶滅の危機にある」となります。いずれの解釈も間違いではありませんが，後者の方が自然ですね。本問の at a loss for an answer も形容詞句と分類しています。

4.《極点を示す at》の確認

at は「点」を示します。そこから最大値と最小値も at で示すことができます。at war「戦争で」⇔ at peace「平和で」, at work「仕事中で」⇔ at home「家にいて」なども，ある意味極点と考えられます。本問の at a loss の at も同様です。

▶接続詞ほか

whether *S V*は二通りの可能性を検証しよう①

[***Whether*** you can get a good job ***or not***] depends
S→ 接 S' 助' V' O' 接 M' V

⟨on [how well you can express yourself ⟨at a job interview⟩]⟩.
M→ M'_1 S' 助' V' O' M'_2

日本語訳例

よい就職口を見つけられるかどうかは(※1・※2)，面接試験(※4)の際にどれほどうまく自己表現ができるか(※1)で決まる(※3)。

※1　この文のyouは「一般論を示すyou」なので「あなた」とは訳しません。目の前のyouは「あなた」と訳してもOKですが，本問のような場合は，普通「あなた」とは訳しません。ですからexpress yourselfも「あなた自身を表現する」とはせずに，「自己表現する」と訳しているのです。
※2　can get a good jobの訳として「よい仕事に就ける」でも可です。
※3　*S* depend on 〜 の訳は「Sは〜による」「Sは〜次第だ」でも可です。
※4　a job interviewは，丁寧に訳せば「就職試験の面接（試験）」になりますが，「就職試験」であることは自明なのでその部分は不要です。

英文分析

1. 文頭に置かれたwhether *S V*は二通りの可能性を検証する

文頭の《接続詞 whether＋*S V*》は次の二つの可能性があります。

例1 **⟨Whether this book is interesting or not⟩, you have to read it through.**
「この本が面白くてもそうでなくても，あなたは最後まで読まなければならない」

例2 **[Whether this book is interesting or not] is not important to me.**
「この本が面白いかそうでないかは，私には重要ではない」

例1 では，whether は「〜であってもなくても」という意味で，後ろの文を副詞節にまとめる働きをしています。例2 では，whether は「〜か〜でないか（ということ）」の意味で，後ろの文を名詞節にまとめる働きをしています。識別は，whether *S V* の後

に **(1) *S V* がある場合は副詞節**，**(2) *V* しかない場合は名詞節**，となります。

また意味から判断することも可能です。例えば **例1** の whether を「〜か〜でないか（ということ）」と考えると，「この本が面白いか面白くないかということ，あなたは最後まで読まなければならない」となり，前半と後半がつながりません。

本問では，Whether ... or not の後に動詞 depends があり，その主語となるべき名詞が他に見あたりません。結局 Whether ... or not が depends の主語となっているのですが，主語になるものは名詞ですから，Whether が名詞節をつくっているというわけです。よって「〜か〜でないか（ということ）」と読みとります。

なお，whether this book is interesting or not は，元は whether this book is interesting or this book is not interesting という形で，ここから共通部分が省略されたものです。また or not は，whether の直後に置いて whether or not this book is interesting とすることも可能ですし，時には省略されることもあります。

2．前置詞／動詞の後ろの疑問詞は名詞節を導く

まず**前置詞の後ろには名詞が続く**ことから，how 以降が名詞の働きをしていることに気づくのが大事です。

例 **Where is he from?** 「彼はどこの出身ですか」

この文は疑問文ですね。これが文中に入った場合には I asked him [where he is from]. となります。疑問文ですが，疑問形 Where is he from? ではないことに気をつけてください。またこの部分は asked の目的語になっています。目的語になるのは名詞ですから，結局，where he is from は名詞節ということになります。

本問の how well you can ... も，元は How well can you express yourself at a job interview? という疑問文だったものが，文中に入ったため疑問形が解消された形です。

なお，この how は well の程度がどのくらいかを聞いています。もし well がなく how だけならば「どのような方法で」の意味の疑問副詞となります。

3．目的語が代名詞で主語を指す場合は再帰代名詞を用いる

例1 **He likes him.** 「彼は（別の）彼が好きだ」

例2 **He likes himself.** 「彼は自分のことが好きだ」

例1 では，He ≠ him ですが，**例2** では，He ＝ himself です。本問の you can express yourself では you ＝ yourself の関係が成立します。

▶接続詞ほか

whether *S V*は二通りの可能性を検証しよう ②

〈***Whether*** at an elementary **or** high school level〉,
M

one sign (of a good teacher) is [***whether*** he **or** she can find out a student {who is in trouble} **and** help that student get out of it].

(one sign (of a good teacher) = S, is = V, C→ [whether = 接, he or she = S', can = 助', find = V'₁, out = M'₁, a student = O'₁, who = S", is = V", in trouble = C", and = 接, help = V'₂, that student = O'₂, get out of it = C'₂])

日本語訳例

小学校でも高校でも[※1]，よい教師かどうかを決めるの[※2]は，その先生[※3]が困っている生徒に気づいてその子が困難から抜け出すのを手助けしてやる[※5] ことができる[※4]かどうかである。

※1　levelは「(学力) レベル」ではなく小学校や高校という「段階」のことなので，「レベル」と訳出しないでください。「小学校であろうと，高校であろうと」は可です。

※2　この文のsignの訳として「兆候」「兆し」「痕跡」などは不適切です。signを訳さずに「よい教師かどうかは～で決まる」とすることも可能です。

※3　he or sheは「彼または彼女」と訳すのは不自然です。

※4　canはfind outだけでなくhelpにも影響するので「……に気づくことができ，……を助ける」と訳すのは誤りです。

※5　help that student get out of itを単に「その生徒を助ける」と訳すのは不十分です。

英文分析

全体は，コンマの前までがwhether節，コンマより後ろが主節です。中心動詞isの後に再びwhether節が続いています。

1.　文頭に置かれたwhether *S V*は二通りの可能性を検証する

(1) 文頭のwhether節の後に*S V*がある場合，whether節は副詞節で「～であっても

なくても／～であれ～であれＳＶ」と訳します。

(2) 文頭の whether 節の後に *S V* ではなく *V* しか存在しない場合，whether 節は名詞節で主語となり「～であるかどうかということはV」と訳します。

本問の最初の whether 節の後ろには one sign of a good teacher is ... と *S V* が続いています。ですからこの whether 節は**副詞節**だと判断できます。

さて，Whether at an elementary or high school level には not がなく，おまけに *S V* がありません。一般に副詞節の中の《主語＋be 動詞》は自明の場合には省略されることがあるのです。

例 **While** (I was) **in Tokyo, I ran into Anne.**
「東京にいるときにアンに偶然出会った」

本問は Whether it is at an elementary or high school level の省略された形で，Whether *A* or not の代わりに Whether *A* or *B* となっています。it は「教育が行われている段階」を示す it です。

二つ目の whether *S V* は be 動詞の後ろにありますね。この場合には be 動詞の補語になっており，**名詞節**の扱いです。この whether 節は「～であるかどうかということ」と訳します。

2. he or she は「一般の人」を指す

昔の英語では，everyone や a teacher を指す代名詞は he でした。ところがこれは男女差別になるということで，he の代わりに **he or she** を用いることがあります。これを「彼あるいは彼女」ととると不自然になりますので注意してください。なお現在では he or she の代わりに they を使うことの方が一般的になってきました。

3. and の前後は同じ形・働きのものが置かれる

本問の and の後には動詞 help がありますから，この and は動詞と動詞とをつなぐ働きだと分かります。and の前に目を向けると，一番近い動詞は is ですが，これは help と並列することは不可能です。なぜか分かりますか？　help に 3 人称単数現在の -s がついていないからです。

さらに前を見ると find がありますね。これなら OK です。この and は，find out a student who is in trouble と help that student get out of it をつないでいます。can はどちらの動詞にも影響しています。

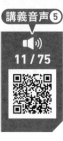

▶関係代名詞

whatを見たら「名詞の欠落」を探そう①

Jimmy (S) sometimes (M) makes (V) me (O) angry (C). The thing (S) {that (S') annoys (V') me (O')} is (V) not (M) [***what he says*** (C₁)] but (接) [the way {*that* he says it} (C_2(省略))].

Jimmy sometimes makes me angry. The thing {that annoys me} is not [***what he says***] but [the way {*that* he says it}].

日本語訳例

ジミーには腹が立つことがある。※1 私を怒らせるのは，※2 彼の言うこと※3ではなくて，彼がそれを言う際の言い方だ。※4

※1　第1文の訳は「ジミーは時々私を怒らせる」でも可です。

※2　The thing that annoys meの訳は「私が怒っているのは」でも可です。

※3　what he saysの訳に「彼が何を言うのか」は不自然です。「彼の発言内容」は可です。

※4　the way he says itの訳は「彼の言い方」では不十分で「彼がそれを言う際の言い方」と丁寧に訳します。the wayの後には関係副詞のthatが省かれています。

英文分析

1. not *A* but *B* の *A* と *B* は同じ形・働き

第１文は《make＋人＋形容詞》「人を～な状態にする」が分かればよいでしょう。

第２文の that は，後ろに主語となるべき名詞が欠落していますから主格の関係代名詞だと分かります（関係代名詞については英文⑭以降の解説を参照）。The thing that annoys me で「私をイライラさせること」の意味です。

文の骨格は，The thing ... is **not *A* but *B***.「……なことは **A でなく B** だ」ですね。but の前後の *A* と *B* には同じ形がきます。*B* が the way で名詞句ですから *A* にも what he says という名詞節が置かれています。

類例 **She decided *not* to return, *but* to stay there.**
「彼女は引き返さずそこにとどまることに決めた」

2. whatを見たら「名詞の欠落」を探す

「あなたは昨日何を買いましたか」は，What did you buy yesterday? ですね。このwhat は疑問詞ですが，それ自体が名詞の役割をしています。つまり本来 buy の後ろにあった目的語が what となり文頭に移動したわけです。ですから**疑問詞 what で始まる文**には必ず**「名詞の欠落」**があると言えます。もう一つ例を挙げてみましょう。

例 **What do you do?** 「あなたの職業は何ですか（←ふだん何をしていますか)」

この文でも，やはり二つ目の do の後に目的語がありません。このように，what はそれ自体が名詞の役割をするため，what に続く文には「名詞の欠落」があります。本問では，says の目的語が欠落しています。

例1 **I will ask Tom what he bought yesterday.**
「トムが昨日何を買ったのかを尋ねてみます」

この場合，what 以降が疑問文でないことに気をつけてください。

関係代名詞の what も，例1 の疑問詞の what と形の面ではまったく同じと考えて大丈夫です。ただ，日本語にした場合に違いが出ます。

例2 **I will give you what I bought yesterday.**
「昨日買ったものをあなたにあげよう」

この文で what を「何を」とすると意味がおかしくなります。そんな場合には「～なもの」と考えます。本問の what he says もこちらの読み方が適切です。そして「～なもの」と訳す方が適切ならば what は関係代名詞と分類されます。

例3 **I do not know what he bought yesterday.**
「彼が昨日何を買ったのか僕は知らない」

この文では，what を疑問詞と考えて「彼が昨日何を買ったのか」と考えても，what を関係代名詞と考えて「彼が昨日買ったもの」と考えても意味が通ります。こんな場合にはどちらでも OK です。元々，what は what にすぎないわけですから，疑問詞か関係代名詞かのどちらかに決めること自体，本当は少々無理があるわけです。

3. 代名詞の指すものはまず直前の名詞から検証

代名詞を見たら，原則として最も近い名詞を指すと考えて，それで内容が通るかどうかを確認します。もしダメならその前の名詞を考える，という具合にしていきます。本問では，最後の it は but の前の what he says を指しています。

12 ▶関係代名詞
whatを見たら「名詞の欠落」を探そう②

〈For the first time (in history)〉, advances (in science [and] technology) have brought 〈within reach〉 [***what*** *was* *once* *only* *a dream* 〈*for hundreds* (*of millions* (*of people*))〉].

(For the first time (in history): M_1 / advances (in science and technology): S / have: 助 / brought: V / within reach: M_2 / what: O→ S' / was: V' / once: M'_1 / only: M'_2 / a dream: C' / for hundreds (of millions (of people)): M'_3)

日本語訳例

歴史上初めて，科学技術の進歩が※1，かつては何億人もの人々にとって夢に過ぎなかった※2ことを手の届く範囲にもたらした。

※1　主語（advances in science and technology）を副詞的に訳して「科学技術の進歩のおかげで，私たちは……を手にした」とすることもできます。

※2　only a dream を「唯一の夢」「夢だけ」と訳すのは誤訳です。

英文分析

For the first time in history は，《前置詞＋名詞＋前置詞＋名詞》で，直前に名詞がないので，副詞句だと分かります。よって，主語は，その後にある advances in science and technology，中心の動詞は brought です。within を無視して reach を brought の目的語だと読みたくなりますが，それでは what 以降へつながりません。bring ～ は「～を持ってくる，もたらす」という他動詞ですから，「～」に当たる名詞を後ろに探してください。すると，what が名詞節をつくっていて brought の目的語になっていると分かります。

1. 修飾する・される要素は近い所に置く

本問の what ... of people のように目的語が長い場合，副詞を目的語の後に置くと，動詞と副詞が離れてしまいます。修飾語と被修飾語は常に近い所に置かないと誤解を招くので，《*S V O*〈副詞〉》の *O* と〈副詞〉の順番を逆にして，《*S V*〈副詞〉*O*》とする場合があります。本問の within reach は brought を修飾していますが，もし文末に置くと，was が最も近い動詞になってしまいますから，まるで was を修飾する副詞かのように見えてしまうわけです。

本問の **bring 〜 within reach** は**「〜を手の届く所にもたらす」**という意味です。

2. whatを見たら「名詞の欠落」を探す

what を見たら，まず後ろに「名詞の欠落」を探すことが大切です。本問では，what was once ... となっており was の主語がありません。once は副詞です。よって，was の前に**「名詞の欠落」**があり，what が主語の働きをしていることが分かれば OK です。このような形は，最初は少し戸惑いますが，慣れれば大丈夫です。

なお what ... people 全体で，brought の目的語となっているのでしたね。

例を一つ追加しておきます。この例では What は counts の主語になると同時に，What counts 全体を一つの名詞節にまとめる働きをしています。

例 S[**What counts**] **is**V **your attitude toward your boss**C.

「大切なことはあなたのボスに対する態度だ」

また，本問の what は**関係代名詞**と考え**「かつては……にとって夢にすぎなかったこと」**と読むのが妥当です。疑問詞では「かつて何が夢だったかをもたらした」となり意味が分かりません。

3. hundreds of 〜 について

普通，hundred「百」，thousand「千」，million「百万」などには複数の -s をつけません。例えば「300」は three hundred であって，three hundreds ではありません。ところが，hundreds of 〜 という形では -s がつきます。これは「百がたくさんある」ことを示しており「何百もの〜」という意味になります。もし tens of thousands of 〜 なら，千の 10 倍ですから「何万もの〜」となります。本問の hundreds of millions of 〜 は百万の 100 倍ですから，「何億もの〜」という意味になります。

また，hundreds of 〜 の直前にある for は関連を示す働きなので「〜にとって」と訳します。

▶関係代名詞

whatの後ろにあるhave to (V)の意味

Every author tries [to convince us, their readers, [that [***what they have to say***] is true [and] should be accepted as truth]].

(Every author: S / tries: V / to convince ...: O→ / convince: V' / us, their readers: O'₁ / that: O'₂→接 / what they have to say: S" / is: V''_1 / true: C''_1 / and: 接 / should: 助" / be accepted: V''_2 / truth: C''_2)

日本語訳例

どんな作家も[※1]，自分の言わんとすることが[※5]真実であり，そして真実として受け入れられるべきであると[※4]，私たち読者に[※3]確信させようとしている[※2]。

※1　Every authorを「すべての作家が」とするのは避けましょう。every dayを「すべての日で」と訳すのが不自然なのと同じ理由です。なお，every authorは単数の扱いですが，その代名詞はthey – their – themを用いることに注意してください。
※2　tries to *(V)* は「〜することを試みる」が直訳ですが，「〜しようとする」で十分です。
※3　usとtheir readersは同格の関係なので，「私たち読者」とします。
※4　《convince＋人＋that *S' V'*》のつながりが分からず，thatの前で文を切った訳（「どんな作家も，私たち読者に確信させようとしている。……」など）は不適切です。
※5　what they have to sayは「彼らが言いたいこと」でも可ですが，「彼らが言わねばならないこと」は不適切です。

英文分析

Every author が主語です。《every＋単数形の名詞》は単数の扱いなので，try が tries となっています。try to *(V)*「〜しようとする」の to *(V)* は，to 不定詞の名詞的用法で，try の目的語になっています。なお every author は単数形の扱いですが，それを受ける代名詞は，現在では they - their - them を用いるのが一般的です。

1. 《名詞＋コンマ＋名詞》は同格関係の合図

Amelia and her mother are already there. なら「アメリアと彼女の母親が既(すで)にそ

こにいる」という意味ですが，**Amelia, her mother, is already there.** は「彼女の母のアメリアが既にそこにいる」という意味になります。この場合 Amelia = her mother の関係が成立しますが，このような場合に「Amelia と her mother が**同格の関係**にある」という言い方をします。本問では **us** と **their readers** が同格の関係にあります。より大きな convince$_{V}$ us$_{人}$ that ...$_{O}$「私たちに……を確信させる」という形を見失わないことが大切です。

that 節の内部の構造は，中心動詞は is で，what ... say が主語です。and の前後は同じ構造が並びますから，should be の主語も what ... だと分かります。

2. andによる並列に注意

that は《後続の文を一つの名詞節にまとめる特殊接続詞》で，その後に文がきます。本問では, what they have to say が that 節内の文の主語です。後続の **is true** と **should be accepted as truth** が and によってつながれています。

what they have to say | is true / and / should be accepted as truth

3. whatの後ろにあるhave to *(V)* の意味

what they have to say は二通りの読み方が可能です。

(1) **what they have / to say** 「言うために，彼らが持っていること」

(2) **what they have to say** 「彼らが言わなければならないこと」

本問では，彼ら，つまり作家が言っていることが真実だ，ということを読者に納得させたい，ととらえるのが自然です。よって (1) の読み方が適切です。つまり「作家が言うために持っていること」→「作家が言わんとすること，作家が言いたいこと」となります。なお，what *S* have to *(V)* の形の場合は，(2) のように have to *(V)*「〜しなければならない」と読むことはまずありません。例えば **what life has to offer** は「人生が提供しなければならないもの」という意味ではなく,「人生が提供するために持っているもの」→「人生が提供してくれるもの」の意味です。

なお類似表現として All that *S* have to do$_{S}$ is$_{V}$ [to *(V)*]$_{C}$.「S は〜さえすればよい」があります。この表現は have to *(V)* という熟語ができる前からある表現なので，have to *(V)*「〜しなければならない」とは読めません。つまり，本来は「S が持っているやるべきことのすべては〜だ」という意味でした。今では，英語圏の人でもそのように考える人は少ないかもしれません。

関係代名詞について

◆はじめに

英語の品詞は10品詞に分けるのが普通です。それらは，**名詞，代名詞，動詞，助動詞，形容詞，副詞，前置詞，接続詞，冠詞，間投詞**です（冠詞を形容詞の一種，助動詞を動詞の一種とみなして8品詞と分類することもあります）。「関係詞」という品詞はあるでしょうか？　もちろん答えはNOです。なぜなら関係代名詞は代名詞の一種にすぎないからです。

英語には代名詞が次の5種類あります。

①人称代名詞（he, you, it など）　②指示代名詞（this, that など）
③不定代名詞（one, some など）　④疑問代名詞（who, which など）
⑤関係代名詞（who, which など）

「人称代名詞」を略して「代名詞」ということがありますね。だったら関係代名詞を略していうなら「関係詞」ではなく，「代名詞」ということになるはずです。

◆関係代名詞の基本

関係代名詞の入った説明文のことを関係代名詞節といいます（「節（せつ）」とはSVを含む2語以上のカタマリのこと）。また，先行詞とは，関係代名詞節の前に置かれ，関係代名詞節で説明される名詞のことです。関係代名詞の活用変化は以下のとおりです。

先行詞の種類	主格	所有格	目的格
人	**who**	**whose**	**whom**
物・動物	**which / that**	**whose**	**which / that**
文（の一部）	**which**	ー	**which**

※1　whichの代わりにthatが用いられることもあります。ただし，《コンマ＋関係代名詞》や《前置詞＋関係代名詞》やwhoseの代わりにはthatは使えません。thatをwhoやwhomの代わりに用いることはそれほど多くありません。

※2　口語体（話し言葉）でwhomの代わりにwhoが用いられることもありますが，文語体（特に学術論文などの硬い文）では避けるべきです。また，

前置詞の後ろではwhomをwhoと交換することはできません。

例 ○ **some of whom**　× **some of who**

※3 関係代名詞の所有格のwhoseは必ず後ろに名詞を伴います。

◆日本語との違い

英語では，《名詞＋その名詞を指す代名詞を含む説明文》という形が存在します。

① **the man ＋ I met him yesterday.**

名詞　説明文

ただし，このままではダメで，人称代名詞（him）を関係代名詞（whom）に変換します。

② **the man ＋ I met whom yesterday**

さらに，whomを説明文の文頭に置くことで「情報の流れ」をよくします。つまり，「男性＋私は会った＋その男性に＋昨日」とするよりも，
「男性＋その男性に＋私は会った＋昨日」とする方が流れがよいのです。

よってこのような語順になります。

③ **the man ＋ whom I met yesterday**

O S V M

名詞　説明文

これを直訳すると，「男性＋彼に私は昨日会った」となりますが，日本語では，「男性」が先にくるこのような形は認められません。

④ 男性＋彼に私は昨日会った

よって，「男性」を後ろに置くと

⑤ 彼に私は昨日会った＋男性

となりますが，今度は「彼に」の部分が先にきているのがおかしい，ということになります。

よって，その部分を削除して，

⑥ 私が昨日会った＋男性

とするのです。

大事なことは，⑥は③の直訳ではないということです。⑥の訳ではwhomに対応する代名詞が欠落しているからです。ところが⑥と③が同じだと思っている人はwhom I met yesterday ＝「私が昨日会った」と考えて，「私が昨日会った」が形容詞として機能しているので，関係代名詞節も形容詞節として機能していると考えがちなのです。

一般に関係代名詞節は「形容詞節として名詞や代名詞を修飾する」と説明されますが，実際には，「英語の関係代名詞節に直接対応する日本語は存在しない」ということなのです。

▶関係代名詞

人称代名詞に置き換えて語順どおり読む ①

〈At first〉 I thought [~~that~~ I was lucky 〈to find a good place (to see the parade)〉]. However, the woman {〈***behind whom***〉 ***I was sitting***} was wearing a big hat, so I could not see anything.

(At first: M / I: S / thought: V / that: O→接 / I: S' / was: V' / lucky: C' / to find a good place (to see the parade): M' / However: M_1 / the woman: S_1 / behind whom: M' / I: S' / was sitting: V' / was wearing: V_1 / a big hat: O_1 / so: 接 / I: S_2 / could: 助$_2$ / not: M_2 / see: V_2 / anything: O_2)

日本語訳例

最初はそのパレードを見るためのよい場所が見つかって幸運だと私は思った。しかし，私が座っていた場所の前にいた[※1・※2]女性が大きな帽子を被っていたので，私は何も見えなかった。

※1　behind whom I was sittingを「私の後ろに座っていた」と訳すのは，典型的なミスです。

※2　behind whom I was sittingを「私の前に座っていた」と訳すのは間違いです。英文には「女性が座っていた」とは書いてありません。

英文分析

behind whom の whom が関係代名詞です。このような**《前置詞＋関係代名詞》**の場合，人が先行詞のときには必ず目的格の **whom** を用います。who を使うことは許されません。

1. 先行詞の前のtheは訳すべきかどうか

the woman の the は，この後に続く説明文の内容によって，その女性を一人に絞り込むことができることを示しています。このような the は訳しません。

例1 **This is the country that I was born in.**
「ここは私が生まれた（唯一の）国だ」

例2 **This is a country that I have never been to.**
「ここは私が行ったことのない国（の一つ）だ」

例1 と **例2** を比較すると the と a の区別ができますね。関係代名詞節の内容によって「ただ一つに決定する」場合は the, そうでない場合は a [an] となります。日本語では，これらの the も a [an] も訳さないのが普通です。

2. 関係代名詞は代名詞（旧情報から新情報への流れ）

the woman の後に置かれた，the woman の説明文は，behind whom I was sitting となっています。この文の中の関係代名詞を，普通の人称代名詞に変換すると behind her I was sitting となります。どうして behind whom（＝ behind her）が文頭に置かれているのでしょうか？　behind whom が《前置詞＋名詞》で意味のカタマリをつくっており，さらに whom「彼女」が**旧情報**（＝既(すで)に述べた情報）だからです。目を左から右へと動かしていくと，**「彼女（旧情報）の後ろに」**→**「私は座っていた（新情報）」**となり，理解しやすい流れになっていることが分かります。「the woman という名詞の後に，その名詞を説明する一つの文が置かれている」という感覚が重要です。次の例でもう一度確認してみましょう。

例 **This is a substance without which we cannot live.**
「これは私たちが生きる上で不可欠な物質（の一つ）だ」

関係代名詞と一般の代名詞との違いは，関係代名詞を含んだ文は，「その代名詞が指す名詞の後ろに置いてもよい」ということです。この英文の内容を理解するだけでよいのなら，前から順に This is a substance.「これは（いくつかのうちの）一つの物質だ」／ *Without it* we cannot live.「それがなければ私たちは生きていけない」と読めばよいのです。

それを大学入試で「訳せ！」と言われると，大変面倒なことになります。今の日本では残念ながら上記の訳では点をもらえません。「自然な日本語（！？）」を意識して，例えば「これは私たちの生活には不可欠な物質だ」とします。日本語力が問われます。

本問は the woman / *Behind her* I was sitting.「その女性／彼女の後ろに私は座っていた」と読めれば十分です。しかし，訳すとなると，日本語をひねり出すのに一苦労します。「女性＋その女性の後ろに私は座っていた」というのを，自然な日本語に変換する場合，「〜な女性」というように「女性」を中心とした形にします。よって，意味をよく考えた上で**「私の座っていた場所の前にいた女性」**とします。

「私の後ろに座っていた女性」という訳は二つのミスを犯しています。一つは，behind 〜 が「〜の後ろ」だから何となく「後ろ」と訳したというミス。もう一つは，「女性が座っていた」とは書いていないのに，「座っていた」と訳してしまったミスです。

15 ▶関係代名詞
人称代名詞に置き換えて語順どおり読む ②

[What you see or hear] is often defined 〈by the character (of the language {〈***through which***〉 ***you perceive it***})〉.

(S→ [What(O') you(S') see or hear(V')] is often defined (V, M₁ = often) 〈M₂→ by the character (of the language {〈through which〉(M') you(S') perceive(V') it(O')})〉)

日本語訳例

見たり聞いたりすること(※1)は，それをとらえる際のフィルターとなる(※4)言語の性質によって規定される(※3)ことが多い(※2)。

※1　you は「一般論を示す you」なので「あなた」とは訳しません。

※2　often は「しばしば」と訳して文中に入れることも可能ですが，文末で「～が多い」とした方が，すっきりした訳文になります。

※3　この文の is defined by ～ の訳語として「～によって定義される」は不適切です。「～によって決められる」なら可です。

※4　through which you perceive it を「それを通してそれを認識する」とすると不自然な訳文になります。筆者が言いたいことを理解してから訳してください。

英文分析

1. whatを見たら「名詞の欠落」を探す

what の後ろには必ず**「名詞の欠落」**がありました。What you see or hear では see or hear の後ろに目的語となる名詞が欠落しています。つまり，What$_O$ you$_S$ see or hear$_V$ となっているわけです。What が**疑問詞**だと仮定すると**「何を見たり聞いたりするか」**という訳になり，What が**関係代名詞**だと仮定すると**「見たり聞いたりすること」**となります。一般に what 節が主語になり，is ～ と続く形式の場合，what は関係代名詞と考えるのが普通です。本問も What は関係代名詞と考えます。

文構造は，What you see or hear が主語で，直後の is defined が中心の動詞です。

2. 関係代名詞は代名詞

through which you perceive it のような関係代名詞節を見たときには，必ず関係代名詞を普通の**人称代名詞に置き換えて**考えてください。

「関係代名詞」＝「代名詞」を徹底するために，意識的に関係代名詞を人称代名詞で置き換えるようにしてください。そして説明文の文頭は大文字にしてみてください。すると *Through it* you perceive it. となりますね。

前から見ていきます。「それ（言語）を通してそれを認識している」となります。Through it の it は, 先行詞である the language を指します。そして二つ目の it は, What you see or hear を指しています。

Through it you perceive it. を訳すと，「その言語を通して，見たり聞いたりするものを認識している」となります。もし受験で「訳せ！」という指示がないのならば，ここまでの理解で十分です。

3.「和訳」とは「文の意味を日本語で伝えること」

「訳す」前に内容について考えてみましょう。見たり聞いたりするものが言語の特徴によって限定されるというのは，確かにそうですね。日本語では「青」と「緑」の区別が曖昧（あいまい）な場合があります。例えば，日本語話者が信号機やリンゴを見て，「青信号」「青リンゴ」と言うことがあります。英語では緑色のものに blue を用いることはありません。よって英語話者は, 信号機やリンゴを見て, blue lights, blue apples とは言わず, green lights, greening apples と言います。このように同じものを見ていても，使用する言語の特徴によってその内容が規定されるのです。

「言語を通して見聞きするものをとらえる」というのは, とらえてから言語で表すのではなくて「言語を通してとらえる」ということです。つまり「話す・書く言語（例えば日本語か英語か）によって物事のとらえ方が異なってくる」と，この文は言っているのです。これを「きれいな日本語」にするのは一苦労です。結局**「それをとらえる際のフィルターとなる言語」**くらいが理想ですが，学生の訳としては「それをとらえるのに用いる言語」で十分でしょう。

前から読めば一瞬で理解できるものをわざわざ苦労して訳すなんて，あまり意味のないようなことに思えますが, 日本語の表現力を通して学力を測るにはよい材料なのです。

▶関係代名詞

人称代名詞に置き換えて語順どおり読む ③

The historical clues (in the Bible) lead researchers
S V O

〈to a knowledge (of the ancient civilizations
M→

{〈***in which***〉 ***the Bible*** ***was written***})〉.
M' S' V'

日本語訳例

聖書の中にある歴史上の手がかりのおかげで[※1]，聖書が書かれた舞台となった古代文明[※2]のことを研究者は知ることができる[※1]。

※1　*S* lead researchers to a knowledge of ... は「Sは研究者を……の知識へ導く」という訳は不自然です。主語を副詞的に訳し，a knowledge of は動詞に戻して訳します。なお，lead は現在形なので「導いた」とするのは間違いです。

※2　the ancient civilizations in which the Bible was written を「聖書が書かれた古代文明」としたのでは日本語が不自然です。また「その中で聖書が書かれた古代文明」も不自然です。訳例以外にも「聖書が書かれた場である古代文明」「聖書が書かれた背景となる古代文明」「聖書が書かれた頃の古代文明」などのように訳語を工夫してください。

英文分析

1. 自然な和訳への工夫

《前置詞＋関係代名詞》を「自然な日本語」にする場合には，

(1) まず無視して意味が通ればそのままにする

(2) 無視できない場合には，元の文と先行詞の関係をよく考える

ただしこの作業は機械的に行えるものではありません。

例 1 **the age in which we live**

これはどうでしょうか？　まず理解としては the age / *In it* we live.「時代／その中で

私たちは暮らしている」でいいですね。「自然な日本語」にするには，まず **(1)** に従って in which の部分を無視します。すると「私たちが生活している時代」となり，これは「自然な日本語」といえそうです。

例2 **the culture in which we live**

ではこれはどうでしょうか？　in which の部分を無視して「私たちが生活している文化」とすると，「生活している」と「文化」の組み合わせがやや見慣れない感じがします。

そこで，**(2)** に切り替えて，「文化／その中で私たちは暮らしている」の関係をじっくり考えます。すると，文化という場の中で私たちが生活を営んでいる，ということだと分かりますね。そこから「私たちの生活の場となる／基盤となる／土壌となる／枠組みとなる文化」といった訳が出てくるわけです。ただし，こうした訳は機械的に出てくるのではなく，「しばらく熟考した後で」出てくるものなのです。前から英文の語順どおり読めばさっと分かるのですが，「訳せ」と言われたら日本語として伝わりやすいように手を入れなくてはなりません。そのためには自然な日本語を運用する力も必要となります。

本問では，**(2)** と同様に **「聖書が書かれた舞台となった／基盤となった／土壌となった／枠組みとなった古代文明」** という訳ができれば OK でしょう。

2. 動詞の名詞形を見たら元の動詞に戻してみよう

The historical clues in the Bible lead researchers to a knowledge of ... の部分を「聖書の中にある歴史上の手がかりが研究者を……という知識へ導く」ではあまりにもぎこちないですね。そこで，knowledge は know の名詞形であることを意識して，a knowledge of ～ の部分を「～を知っている」とします。すると「聖書の中にある歴史上の手がかりが研究者を導く」＋「研究者は～を知っている」で，「……な手がかりのおかげで，研究者は～を知ることができる」となりすっきりしますね。英文中で**動詞の名詞形**や**形容詞の名詞形**を見たら，**元の形**に戻して考えてみてください。

以下に例を挙げてみます。examination は examine ～「～を調べる」の名詞形です。

例 **the detailed examination of the document**

○「その資料を詳しく調べること」

×「その資料の詳しい試験」

examination を訳すときに，元の動詞 examine を意識して「調べること」「調べるためのもの（＝試験）」などの訳語が出てくるようにしておくことが肝要です。

17 ▶関係代名詞
人称代名詞に置き換えて語順どおり読む ④

Advances (in science) {〈***of which***〉 ***we are proud***} have placed 〈in the hands (of our generation)〉 the power (to destroy the whole of humankind).

(S: Advances (in science)／M': of which／S': we／V': are／C': proud／助: have／V: placed／M: in the hands (of our generation)／O: the power (to destroy the whole of humankind))

日本語訳例

私たちが誇りに思っている[※1]科学の進歩により，人類全体を破壊する力を私たちの世代は手にした[※2]。

※1　of which we are proudの訳語として「それに対して私たちが誇りに思っている」は不自然です。このof whichは訳しません。

※2　have placed .... の直訳は「……する力を私たちの世代の手の中に置いた」ですが，不自然です。「……する力を私たちの世代に与えた」とするか，訳例のように「私たちの世代」を主語と考えれば自然な訳文になります。なお，in the hands of ～「～の手の中に」を「～の手によって」とするのは間違いです。

英文分析

we も you も一般論を示す文で使われます。ただし，we は何か別の集団と対比される場合に用いられます。例えば，AI に対して「私たち人間」などの場合です。本問では「過去の人間」に対して「現在の私たち」という意味で使われています。

1. 関係代名詞は代名詞

advances in science *of which* we are proud のような《前置詞＋関係代名詞》を含む形を見た場合，なんとなく in science of ～ というカタマリでとらえるのではなく，必ず関係代名詞を普通の**人称代名詞に置き換えて**考えてください。そして説明文の文頭を大文字にすると Advances in science／*Of them* we are proud. となりますね。すると，この of は *be* proud of ～「～を誇りに思っている」の of だと分かります。「科学の進歩／それらを私たちは誇りに思っている」となります。もし大学入試で「訳せ！」の指示がなければ，ここまでの理解で十分です。

本問は proud までが主語，中心の動詞はその後の placed です。

2．英語では一つの形でも，様々な品詞になり得る

日本語では形によって品詞が変わります。例えば「労働」は名詞で，「働く」は動詞です。ところが，英語は形だけ見ても品詞は分かりません。例えば work は名詞としても動詞としても使えます。同様に place は**名詞**では**「場所」**の意味ですが，**動詞**では**「～を置く」**という意味になります。本問では「～を置く」の意味です。

3．前置詞のついた名詞は目的語にはならない

《前置詞＋名詞》は**修飾語**ですから，絶対に**他動詞の目的語にはなりません。**

例 **Every problem**$_S$ **has**$_V$ **〈within it〉 a certain lesson (to be learned)**$_O$.
「どんな問題にもその内部に学ぶべき，ある教訓がある」

上の例文では，has の目的語は it ではなく a certain lesson to be learned です。within it が《前置詞＋名詞》の副詞句に見えればよいわけです。

本問の動詞の place ～「～を置く」は他動詞なので目的語が必要です。よって have placed ～「～を置いた」の直後の in the hands of our generation「私たちの世代の手の中に」は，挿入された副詞句であると考える必要があります。

これは動詞と副詞句との修飾関係を明確にするための「筆者の親切」です。in the hands of our generation が文末にあると，それが destroy を修飾していると勘違いしてしまいますよね。

4．名詞を説明するto不定詞の形容詞的用法

例1 **people (to take this to the hall)**「これをホールまで運んでくれる人」

例2 **the ability (to speak English)**「英語を話す能力」

上の 例1 の場合，people (*S*)，take (*V*) の関係が成立します。しかし 例2 では，ability (*S*)，speak (*V*) の関係が成立していません。例2 では，to 不定詞が直前の名詞の内容を具体化しています。本問の the power (to destroy the whole of humankind) は，例2 と同種の **to 不定詞の形容詞的用法**で直前の名詞の内容を具体化する働きです。

18 ▶関係代名詞 人称代名詞に置き換えて語順どおり読む ⑤

Questions (of crime [and] punishment) are frequently discussed
S　V　M_1　V

⟨as if they bore no relation (to the social system
M_2→接扱い　S'　V'　O'

{⟨*in which*⟩ *the problems occur*})⟩.
M"　S"　V"

日本語訳例

犯罪と刑罰の問題は，まるでその問題が生じる温床となっている社会制度とは何ら関係がないかのように論じられることが多い。

※1　Questionsに「質問」という訳語は不自然です。
※2　are discussedの訳語として「議論される」は可です。
※3　in which the problems occurの訳語として「その中でその問題が生じる」は不自然です。「その問題が生じる場となる」などは可です。

英文分析

仮定法というのは，筆者［話し手］が「可能性が低い」もしくは「可能性がない」と感じた場合に使う特殊な形です。

例 **If I were not busy, I would travel to Okinawa.**
「忙しくなければ沖縄に旅行に行くのに」

この文は，If I am not busy, I will travel to Okinawa.「私は忙しくなければ沖縄に旅行に行くよ」の可能性をぐっと落とした言い方です。日本語では区別が難しいので注意してください。if 節の中の動詞を過去形（仮定法に be 動詞が使われる場合，人称によらず **were** となる（口語では人称により was も使われます）ことに注意してください），主節に **would** / **could** / **might** など，will / can / may より可能性が低いことを示す助動詞を用います。

1. as if 〜「まるで〜のように」

as if は現在では，2 語で一つの接続詞のような働きをします。意味は「まるで〜のように」です。まずその成り立ちから見ていきましょう。

as if は，as 〜 as 構文と，仮定法の組み合わせからできた熟語的な表現です。

例 **Tom speaks Japanese as fluently as if he were a native speaker of Japanese, he would speak fluently.**（注：この文はこのままでは不自然な文です）

「トムは，もし彼が日本語母語話者だとするならば流暢（りゅうちょう）に日本語を話すのと同じくらい流暢に日本語を話す」

ここから，重複していて不要なものを省くと，

Tom speaks Japanese as fluently as if he were a native speaker of Japanese.

「トムはまるで日本語母語話者のように日本語を流暢に話す」

さらに，日本語母語話者なら日本語を流暢に話すに決まっているので as fluently も省略すると，

Tom speaks Japanese as if he were a native speaker of Japanese.

「トムはまるで日本語母語話者のように日本語を話す」

となります。

本問では，they「犯罪と刑罰の問題」が the social system と本当は関係があるのに，まるで無関係のように，という気持ちを表すために仮定法が使われ，bear が過去形の bore になっているわけです。

2. 前置詞＋関係代名詞の訳し方

さて，その後ろの，the social system in which the problems occur という関係代名詞を含む形は，関係代名詞を普通の人称代名詞に置き換えて読みます。何度も何度も繰り返しますが，**「関係代名詞」＝「代名詞」**です。the social system / *In it* the problems occur.「社会の制度／それの中でその問題が起きている」となります。これを元にして，日本語を整えていきます。まず in which を無視して訳すと「その問題が生じる社会制度」となります。これは間違いということではありませんが，少し舌足らずな日本語です。

そこで，日本語らしくなるように訳を工夫します。すると「その問題が生じる温床となる社会制度」「そうした問題の背景にある社会制度」などとなります。

19 ▶関係代名詞

「焦点化」された形を元に戻して訳す

Your success (as an architect) depends 〈on the extent
S V M→

{〈***to which***〉 ***you are able to absorb the best*** (***of traditional architecture***), **and** ***make it your own***}〉.

M' S' 助'扱い V'_1 O'_1 接 V'_2 O'_2 C'_2

日本語訳例

建築家として成功するかどうかは[※1]，伝統建築の最良のものをどれほど[※3]吸収し[※4]，それを[※5]どれほど[※3]自分のものにできるか[※4・※5]によって決まる[※2]。

※1　youは「一般論を示すyou」なので「あなた」とは訳しません。
※2　depend on ～ の訳は「～次第だ」「～による」でも可です。
※3　the extent to which ... の訳を「……の程度」とするのは避けてください。
※4　are able toはabsorbとmakeの両方に影響します。「吸収することができてそれを自分のものにする」と訳すのは誤りです。
※5　make it your ownを「それを自分で作る」とするのは誤訳です。

英文分析

1. 関係代名詞節は「焦点化」のための道具

例1 **I was surprised that she had solved the problem with ease.**
「彼女がその問題を簡単に解いたので私は驚いた」

上の例の日本語を読んだときに，日本人［日本語母語話者］なら特に違和感を持つことはないと思われます。でもよく考えると曖昧（あいまい）な文です。つまり，「私が驚いた」原因は，(1)「彼女」，(2)「その問題」，(3)「解いたこと」，(4)「簡単に」のどれかが明確ではないということです。「簡単に」ということに焦点を当てて英語にすると 例2 のようになります。

例2 **I was surprised at *the ease* with which she had solved the problem.**

「彼女がその問題を解いた簡単さに私は驚いた」

この例の方が，驚いた原因が明確なのです。**例1** より **例2** の方が曖昧さが排除された文ですが，**例2** の日本語に違和感を抱く人は多いでしょう。なぜなら，曖昧さを好む日本語は，このような**「焦点化」**にはうまく適応していないのです。ですから，**例2** であっても **例1** のように that 節を訳す場合と同じように訳すと自然な日本語になります。

同様に，

例3 **You cannot overestimate *the extent* to which you are influenced by your environment.**

「自分の環境にどの程度影響されているかは計り知れない」

上の例を直訳すると「環境に影響を受けている程度はどんなに過大評価してもしすぎることはない」となります。これでは日本語としてややぎこちないので，「どの程度環境に影響を受けているのかは計り知れない」とします。一般に the extent to which *S V* や the degree to which *S V* は，慣用的に「どの程度 S V」と訳しましょう。

2. andの前後は同じ形・働きのものが置かれる

and の後ろには動詞 make がきているので，and の前に同種のものを探すと，absorb が見つかります。depends は 3 人称単数現在の -s がついているので make と同種とはいえません。次のように見えれば OK です。

	absorb the best of traditional architecture,
you are able to	and
	make it your own

be able to が共通要素であることに注意です。「吸収し自分のものにできる」，と *be* able to を最後に訳すとうまくいきます。

3. *one's* own「自分のもの」

one's own で所有代名詞と同じ意味になり，**my own = mine** です。own という形容詞は必ず（代）名詞の所有格をつけて使うことを覚えておいてください。

本問では $\underline{\text{make}}_{V}$ $\underline{\text{it}}_{O}$ $\underline{\text{your own}}_{C}$「それを自分のものにする」という形になっています。この it は the best of traditional architecture を指しています。

▶関係代名詞

名詞が連続していたら関係代名詞の省略の合図 ①

[Knowing something (about the techniques {*which* writers use 〈to write more effectively〉})] helps readers (to understand [what they are trying to say 〈in their works〉]).

S→ Knowing (V') something (about the techniques (O') / which (O"(省略)) / writers (S") / use (V") / 〈to write more effectively〉 (M") / helps (V) / readers (O) / (to understand [what they are trying to say 〈in their works〉]) (C)

日本語訳例

作家がより効果的な文を書くために用いる※3 技法※2 をある程度知っておく※1ことは，読者が，作家がその作品※5の中で言わんとしていることを理解するのに役立つ※4。

※1　know something about ～を「～について何か知っている」と訳すのは不十分です。

※2　the techniquesを「技術」と訳してもかまいません。

※3　writers use to *(V)* を「作家がかつて～していた」と訳すのは完全な間違いです。そもそもused to *(V)*「かつて～した」の文構造になっていません。

※4　無生物が主語の場合，helpsを「～を助ける」と訳すのは不自然です。

※5　可算名詞のworksを「仕事」と訳すのは誤りです。

＊　⑳～㉕では関係代名詞の省略を補って記してあります。

英文分析

1. 《名詞＋名詞＋動詞》は関係代名詞の省略を疑ってかかれ！

名詞の後に *S V* が連続しているのは，ほとんどが関係代名詞の省略された形です。

例 **Jenny is a woman I respect** (名詞の欠落).

「ジェニーは私が尊敬する女性です」

この文ではrespect～「～を尊敬している」の「～」に当たる語がありません。つまり，respectの後ろに**「名詞の欠落がある」**というわけです。

さて，関係代名詞を補うと **Jenny is a woman *whom* I respect.** となります。この

文は Jenny is a woman. と I respected her. という 2 文だったものを，her を whom に置き換えてできたものです。一般に，関係代名詞の省略の条件は**「名詞の後の関係代名詞を取り去ったときに，直後にコンマなしに *S V* が連続する場合」**です。

本問では，the techniques writers use to write more effectively の箇所に注目すると，techniques の後ろに *S V* が連続し，use ～「～を用いる」の「～」に当たる部分が存在しない（＝名詞の欠落がある）ことが分かります。よって，the techniques *which* writers use（名詞欠落）to write more effectively となっており，*which* ... effectively の部分が関係代名詞節だと分かります。この目的格の *which* が省かれていることに注意してください。

そして後ろに置かれている to write more effectively は，「～するために」という目的の表現の，to 不定詞の副詞的用法です。この部分を助動詞の used to と読んでしまわないようにしてください。

2. 文頭にある *(V)ing* は3通りの可能性

(V)ing で始まる文は，次の 3 通りの可能性があります（ただし (3) はまれ）。

(1)「動名詞」 例 **Speaking English is fun.**「英語を話すのは楽しい」

(2)「分詞構文」 例 **Seeing me, she ran away.**「彼女は私を見て逃げ出した」

(3)「進行形の倒置形」 例 **Sitting there was a cat.**「そこに座っていたのは猫だった」

本問では Knowing ... effectively までが主語で，helps が動詞なので (1) だと分かります。

3. what 節はまず関係代名詞として読む

what が文の途中に出てくるときは，what *S V* あるいは what *V* で，疑問詞の場合も関係代名詞の場合も後に続く形は同じですから，形から区別することはできません。

「何を～」という訳語が合うならば**疑問詞**，**「～なこと」**という訳語が合うならば**関係代名詞**となります。「未知なもの」である場合は「何を～」と訳し，「既知なもの」である場合に「～なこと」と訳すのが定石です。大学入試に出題されるような比較的硬い英文を読んでいて，出てくるのは関係代名詞の方が多いですから，まずは「～なこと」としてみて，おかしければ疑問詞だと判断すればよいでしょう。また日本語では両者のどちらでもよい場合もありますから，それほど神経質になることはありません。本問でも，「作家が言わんとすること」あるいは「作家が何を言わんとしているのか」のどちらでも問題ありません。

▶関係代名詞

名詞が連続していたら関係代名詞の省略の合図 ②

I have always wondered 〈at the passion {*which* ***people have*** (***to buy souvenirs***) 〈***when they are in tourist spots***〉}〉.

I (S) have (助) always (M_1) wondered (V) 〈at the passion (M_2→) {*which* (O'(省略)) people (S') have (V') (to buy (V'') souvenirs (O'')) 〈when (接) they (S'') are (V'') in tourist spots (M'')〉}〉.

日本語訳例

人々が観光地にいるときにもつ土産を買うことに傾ける情熱を私は常々不思議に思ってきた。

（人々が ※4／もつ ※4／土産を買うことに傾ける情熱 ※3／私は常々不思議に思ってきた ※1・※2）

※1　「私はいつも……と思ってきた」と「私はいつも」を文頭に置くと，alwaysがwonderedを修飾しているように思えないので避けてください。

※2　現在完了のhave always wonderedに「いつも不思議に思う」「いつも不思議に思った」という訳は避けてください。

※3　the passion ... to buy 〜を「〜を買う情熱」と訳すのは不十分です。「買おうとする情熱」は可です。

※4　この英文ではhave to (V) ではないことが分かっていることを訳に明示してください。よってpeople have「人々がもつ」という部分の訳語を省かないでください。

英文分析

I have always wondered at the passion で一つの完全な文です。ですから，people 以降が関係代名詞節だと予測してください。

1. 《名詞＋名詞＋動詞》は関係代名詞の省略を疑ってかかれ！

the passion people have to buy ... を見てどう感じたかが勝負です。the passion と people のように**名詞が連続**していたら，二者の間に関係代名詞が省略されていると予想して，the passion *which* (O') people (S') have (V') to buy ... と考えます。

関係代名詞を人称代名詞に戻した文は the passion / people have *it* to buy ... です。

一見 have to *(V)* に見えますが，もしそう読んでしまうと，which [it] が本来入る場所（＝名詞が欠落した部分）がなくなってしまい，論理が合いません。

この部分を have to *(V)*「〜しなければならない」と読み，「the passion と people have to buy souvenirs が同格の関係」だと思った人は, 次のことを覚えておいてください。

(1) ある名詞と that 節が同格の関係にある場合，接続詞の that を省略することはまずない。（英文㉞㉟参照）

(2) that 節と同格の関係になる名詞は多くなく，少なくとも passion はその名詞には含まれない。

以上から，そのような読み方はできないことが分かります。

参考：that 節と同格関係をつくる名詞の例
① 動詞形が that 節を目的語にとるもの 例 thought「考え（< think)」，proof「証明（< prove)」 knowledge「知識（< know)」，hope「希望（< hope)」 ②「考え」「情報」を意味する名詞 例 idea「考え」，opinion「意見」，information「情報」 ③「事実」「可能性」を意味する名詞 例 chance「見込み，可能性」，danger「危険」，truth「真実」 ④「条件」「根拠」を意味する名詞 例 condition「条件」，evidence「証拠」

2. 名詞を説明するto不定詞の形容詞的用法

「人々がもつ情熱」と見たら「ではどのような情熱だ？」という疑問がわきます。後にくる to buy souvenirs が「情熱」の説明部分だと分かります。ですからこの to 不定詞は，**形容詞的な用法**になります。訳出に際しては「お土産を買う情熱」では日本語として不十分ですから「お土産を買いたいという情熱」「お土産を買うことに傾ける情熱」くらいにするとよいでしょう。（英文⑰参照）

▶関係代名詞

名詞が連続していたら関係代名詞の省略の合図 ③

The power {*which* ***humans have acquired*** 〈***through their science and technology***〉} has sometimes been abused.

(The power = S / which = O'(省略) / humans = S' / have = 助' / acquired = V' / through their science and technology = M' / has = 助 / sometimes = M / been abused = V)

日本語訳例

人間が自らの科学技術を通して身につけてきた力は，時々悪用されてきた。

※1　science「科学」と chemistry「化学」は区別してください。
※2　has sometimes been abused は「時々乱用されてきた」は語の選択が不適切です。また現在完了形を無視した「時々悪用される」も不適切です。

英文分析

1.《名詞＋名詞＋動詞》は関係代名詞の省略を疑ってかかれ！

文頭に The power とあり，直後にまた名詞の humans が置かれています。

間違って power humans なんて新語をつくっていませんか？　確かに,《名詞＋名詞》で熟語的な表現になることもありますが（例えば water power と言えば「水力」のこと），そのように決めつけるのは危険です。他の可能性も視野に入れるべきです。

おまけに，もし The power humans を主語と仮定すると，中心の動詞は acquired ということになり，acquire ～「～を身につける」は他動詞ですから，その目的語を探すことになります。ところが, through their science and technology は,《前置詞＋名詞》で副詞句をつくっていますから，これは目的語になり得ません。さらにその後ろには名詞が存在しません。ですから The power humans と読むのは完全な間違いだと分かります。

これは，**The power which humans have acquired**「力」＋「それを人間が身につけた」→「人間が身につけた力」から which という**関係代名詞が省略された形**です。ですから本問は，The power が主語，has been abused が中心の動詞となります。

一般に，このような《名詞の連続＋*V*＋名詞の欠落》は，まず**関係代名詞の省略**を考えるようにしてください。

2．動作の回数を示す副詞はnotの位置に

英作文の際に，sometimes「時々」，often「多くの場合」，always「いつも」，seldom「めったにない」などの副詞をどこに置くか分かりますか？

これらはすべて**動作の回数**を示す表現ですね。では「回数0回」を示す副詞は何でしょうか？　それはnotです。

ですから，回数を示す副詞の位置は**「原則としてnotと同じ」**と覚えておくとよいと思います。ただし，これらの副詞はnotと違い**比較的自由に位置が変わります**から，読解の際はそのことも覚えておいてください。

本問では，sometimesは標準的な位置（つまりnotの位置）にあります。

3．修飾する・される要素は近い所に置く

through their science and technologyは，《前置詞＋名詞》で，前に名詞がないことから副詞句です。これがもし，has been abusedを修飾するとするなら，おそらくabusedの直後に置かれたと思います。やはり**「修飾語と被修飾語は近くに置く」**は基本ですね。ですからthrough their science and technologyはhave acquiredを修飾していると考えるのが適切です。

4．現在完了形＋受動態

現在完了形は《have＋過去分詞》で，受動態は《*be*＋過去分詞》です。よって両者を足した**現在完了形の受動態**は**《have been＋過去分詞》**という形になります。本問ではhas ... been abusedとなっています。過去分詞が連続しているので違和感をもつ人もいると思います。そうした違和感は，数多くの英文に触れるうちに消えていくものです。

例 **Our hotel has been added recently.**
「私たちのホテルは最近増築されました」

▶関係代名詞

名詞が連続していたら関係代名詞の省略の合図 ④

講義音声 9　23 / 79

All {*that* ***the doctors*** **and** ***scientists*** (*in that country*) ***want*** [***to do***]} is [to prevent bird flu ⟨from spreading⟩].

(All = S, that = O"(省略), the doctors and scientists (in that country) = S', want = V', to do = O'→V", is = V, to prevent bird flu ⟨from spreading⟩ = C)

日本語訳例

その国の医者と科学者※2がしたいことは※1，鳥インフルエンザの蔓延（まんえん）※3を予防することだけだ※1。

※1　All ... is to (*V*) . を「したいことのすべては……だ」と訳すのは不適切です。
※2　All the doctors and scientists を「すべての医者や科学者」と訳すのは誤りです。
※3　spreading の訳は「広がること」「流行」「拡散すること」などでも可です。

英文分析

1. all の品詞

all には次の品詞があります。

(1) 形容詞：All the children enjoyed the video game.
「すべての子どもたちがそのテレビゲームを楽しんだ」
※ all は the children を修飾しています。

(2) 代名詞：All of us enjoyed the video game.
「私たち全員がそのテレビゲームを楽しんだ」

(3) 副　詞：We danced all through the night.
「私たちは夜通し踊った」
※ all は through the night を修飾しています。

本問の all は，このうちのどれでしょうか？

2.《名詞＋名詞＋動詞》は関係代名詞の省略を疑ってかかれ！

本問の all が形容詞で the doctors and scientists を修飾しているとすると，

All the doctors and scientists in that country (S) want (V) to do (O) is (V) ....

となり，*S V O* の完全な文の後ろで is が余ってしまいます。さらに，このままでは do ～「～をする」の目的語もありません。以上から，この all は形容詞ではないと分かります。

そこで次に，all を代名詞と考えてみます。すると，

All {~~that~~ the doctors and scientists in that country want to do} (S) is (V) ....

から関係代名詞 that が省略されたものだと分かります。*that* ... do までには**「名詞の欠落」**があるはずですが，それは **do の後ろ**ですね。do ～ は「～をする」という他動詞で目的語が必要です。

なお，この代名詞の all を主語とするタイプの英文はよくあるのでぜひ覚えておいてください。読みとりにも注意が必要となります。

例1 **All (that) you have to do is (to) push this button.**

「あなたが持っているやるべきことのすべてはこのボタンを押すことだ→あなたはこのボタンを押すだけでよい」

やることの「すべて」と書いてあるのに，「ボタンを押す」というただ一つのことでは矛盾が生じます。そこで一工夫して「～するだけでよい」とするのが鉄則です（なお，have to についてはもう一度，英文⑬の解説を参照しておいてください）。

また 例1 の下線部のように，補語には to (*V*) の名詞的用法が置かれますが，主語に do を含み，*S* is to (*V*). の形になっている場合は，to が省かれることもあります。このタイプの類例として次の文もチェックしておいてください。

例2 **The best (that) we can do is (to) wait here.**

「私たちにできる最善のことはここで待つことだ→私たちにできることはせいぜいここで待つことだ」

なお，**先行詞が all や《最上級の形容詞》で修飾される**場合は，関係代名詞に，**that** が使われる傾向があります（which を用いても間違いではありません）。これは all などの強く発音する語の後には，弱く発音される that を置き，響きのよい《強＋弱》の流れをつくりたいということが原因かもしれません。

▶関係代名詞

名詞が連続していたら関係代名詞の省略の合図 ⑤

The impression {*which* ***a child receives*** ⟨***from his*** [***or***] ***her environment***⟩ ⟨***during the first years of life***⟩} influences his [or] her intellectual development [and] character.

(The impression: S / which: O'(省略) / a child: S' / receives: V' / from his or her environment: M'_1 / during the first years of life: M'_2 / influences: V / his or her intellectual development and character: O)

日本語訳例

子どもが生後数年間※4で自らの環境※3から受ける※2印象※1は，その子の知的発達※5と人格に影響を与える。

※1　The impressionの訳に「感動」は不適切です。
※2　receivesの訳に「～を受け取る（印象）」は不適切です。
※3　his or her environmentを「周りの環境」と訳すのは，「頭痛が痛い」ほどの間違いというわけではありませんが，避けましょう。a childを受ける代名詞は，昔はhe - his - him（時にはit）でしたが，he or sheもしくはtheyとします。これを「彼または彼女」などと訳してはなりません。
※4　during the first years of lifeのyearsの複数形を無視した「人生の最初の年」などと訳すのは誤りです。
※5　developmentの訳を「発展」とするのは不適切です。

英文分析

1.《名詞＋名詞＋動詞》は関係代名詞の省略を疑ってかかれ！

receive ～ は「～を受け取る」という他動詞ですが，本問では The impression（名詞）＋a child (*S*)＋receives (*V*)＋(名詞 (*O*) の欠落) となっており，receive ～ の目的語がない (＝名詞の欠落がある) ことから，関係代名詞の省略だと分かります。つまり **The impression *which* a child receives** から **which が省略された形**だと分かれば OK です。

the books I read yesterday ならば the books *which* [*that*] I ...「私が昨日読んだ本」，

the meeting we held the other day なら the meeting *which* [*that*] we ...「先日，私たちが開いた会議」という具合に，見た瞬間に反応できるようにしておいてください。

また，本問では，receives の直後に二つの副詞句，from his or her environment と during the first years of life があります。これらの副詞句が receives の直後にあるということは, receives を修飾すると考えてよいでしょう。もし influences を修飾するのなら文末に置かれるはずです。

以上から，この文の主語は The impression で中心の動詞は influences だと分かります。

2.「and が何と何をつなぐか」は，見た目の形から推測し，最終的に意味で判断する

and の後ろには character という名詞があります。and は**同種のものをつなぐ働き**がありますから，本問では〔名詞〕**development** と〔名詞〕**character** をつないでいると考えます。his or her は development も character も修飾していますが, intellectual はどうでしょうか？　intellectual development「知的な発達」は意味が通りますが, intellectual character「知的な人格」では，子どもは皆，最初から「知的な人格」を備えていることになります。そのようなことは考えにくいですね。ですから intellectual は development だけを修飾していると分かります。

	intellectual development
his or her	and
	character

余談ですが，intellectual「知的な」は人間にしか使うことのできない形容詞です。一方 intelligent「賢い」は，「知能が高い」の意味なので動物にも使えます。AI は artificial intelligence「人工知能」の省略形です。

3. during は前置詞，while は接続詞

during ～ を「～の間」と暗記するのは危険です。なぜなら while ～ も「～の間」と訳すからです。during は前置詞なので後ろには名詞が置かれるのに対し，while は接続詞で後ろには文が置かれます。品詞を意識することが大切です。

▶関係代名詞

名詞が連続していたら関係代名詞の省略の合図 ⑥

〈If we view each person {*whom* ***we meet*** 〈***in the course*** (***of our daily lives***)〉} as a potential teacher, someone {*whom* ***we can learn something from***}〉, we will naturally form new, rewarding friendships.

（If: M_1→接 ／ we: S' ／ view: V' ／ each person: O' ／ whom: O"(省略) ／ we: S" ／ meet: V" ／ in the course (of our daily lives): M" ／ a potential teacher: C' ／ someone: C'（teacher と同格）／ whom: O"'(省略) ／ we: S" ／ can: 助" ／ learn: V" ／ something from: O" ／ we: S ／ will: 助 ／ naturally: M_2 ／ form: V ／ new, rewarding friendships: O）

日本語訳例

もし私たちが，日々の生活を送る中で[※2]出会う人一人一人を[※1]，自分の教師になり得る人[※3]，つまり何かを学び取れる人[※3・※4]だと考えれば，新たな，また価値のある友情を自然と形成できるだろう[※5・※6]。

※1　each person we meetの訳語として「出会う人は誰でも」とするのは可です。
※2　in the course of our daily livesの訳は，「私たちの日々の生活の中で」「私たちの日常生活で」としてもいいでしょう。
※3　a potential teacher, someone ... のsomeoneを無視して「何かを学び取れる潜在的教師」と訳すのは不適切です。
※4　someone ... fromを「その人から何かを学び取れる」というように，文として訳すのは不適切です。
※5　we will ...を「新たな価値のある友情が自然と形成されるだろう」と訳しても可です。
※6　rewardingの訳語として「見返り（相手のしてくれたことに応えて何かすること）のある」はここではやや不自然です。

英文分析

文頭にあるifは「もし〜ならば」の副詞節をつくります。本問も，全体は「もしS' V'なら，S Vだ」となると予測しておきます。

1. 《名詞＋名詞＋動詞》は関係代名詞の省略を疑ってかかれ！

each person we meet の部分は each person *whom* we meet（名詞の欠落）から **whom が省略された形**となっていると考えるのが適切です。その後ろの in ... lives は全体で副詞句として，動詞 meet を修飾しています。

someone $\underline{\text{we}}_{S}$ can $\underline{\text{learn}}_{V}$ $\underline{\text{something}}_{O}$ from の部分は，**someone *whom* we can learn something from（名詞の欠落）**から **whom が省略された形**だと分かれば OK です。次の文を見てください。

［間違い例］**I met the man I had borrowed money.**

この文は，the man＋一つの完全な文となっており，間違っています。正しくは次のようになります。

［正しい例］**I met the man (whom) I had borrowed money <u>from</u>**（名詞の欠落）.

「私はお金を借りた男性と会った」

これならば，the man＋I had borrowed money from him → the man＋I had borrowed money from whom → the man＋whom I had borrowed money from → the man I had borrowed money from となり OK ですね。注意すべきは，この from は日本語には出てこないということです。日本語だけで考えていると間違いに気づきにくいのです。

2. view / regard / see *O* as *C*「O を C として見る」

regard *O* as *C*「O を C と見る，みなす」は既習です（英文④参照)。これと同様に，regard と似た意味をもつ view ～「～を見る」/ see ～「～を見る」/ perceive ～「～を認識する」なども《as＋補語》の形をとることができます。なお，いずれの場合も，as の後ろには名詞だけではなく形容詞を置くこともあります。

例 **I regard education as *essential* to the existence of society.**

「私は，教育は社会の存続には不可欠であるととらえている」

本問では view *O* as *C*「O を C と見る」が使われています。

3. 《名詞＋コンマ＋名詞》は同格関係の合図

a potential teacher, someone we can learn something from の部分は，《名詞＋コンマ＋名詞》の形になっていますので，この二つの名詞が**同格の関係**になっています。a potential teacher が少し難しい表現なので，後でそれを言い換えたものと思われます。

▶接続詞ほか

後続の文を一つの名詞節にまとめるthat

講義音声⑪ 26 / 81

Karaoke machines (S) are (V) a wonderful invention (C). However (M), the trouble (with them) (S) is (V) C→ [*that* (接) they (S') only (M') allow (V') you (O') [to sing ⟨along with them⟩ (C')]].

日本語訳例

カラオケは素晴らしい発明品だ。しかし，その問題点は，カラオケに合わせて歌うことしかできないことだ。
（※1：カラオケは　※4：カラオケに合わせて　※2・※3：ことしかできない）

※1　Karaoke machinesを「カラオケ機械」と訳すのは不自然です。
※2　youは「一般論を示すyou」なので「あなた」と訳してはいけません。
※3　allow you to singは「歌うことを可能にする」でも可です。
※4　along with themは「それらに沿って」は不適切です。「それらと一緒に」はやや不自然です。「〜に合わせて（歌う）」とすると，自然な日本語になります。
＊　*S V O* to *(V')* の形の第5文型（S V O C）のto *(V')* の品詞については諸説ありますが，本書では，原則形容詞句として扱います。ただし，askやallowなどの動詞がとる*S V O* to *(V')* の形の第4文型（S V O O）の場合には，to *(V')* の品詞は名詞句の扱いとしています。

英文分析

1. 《後続の文を一つの名詞節にまとめる特殊接続詞》that

一般に，英語の接続詞というと２種類あります。

(1) 等位接続詞：and「そして」，but「しかし」，or「あるいは」など
文と文，あるいは名詞と名詞，動詞と動詞などをつなぎます。

(2) 従属接続詞：when「〜なとき」，if「もし〜なら」，because「〜なので」など
文と文を接続します。

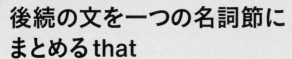

なお「従属節」とは，**《接続詞＋*S' V'*, *S V*》**の文で，*S V*が「主人」のように中心的

働きをしていて，*S' V'* が主人に仕(つか)える「従者」の働きをしていると考えられるところからきた呼び名です。*S' V'* が従者のように主人に属する節ということを表しているのです。よって従属節を導く接続詞ですから，**「従属接続詞」**と呼ばれるのです。

今から説明する that は，本来は前述のどちらにも属しません。ですから特殊接続詞と書きました。では that の役割は何でしょうか？　それは，that の後ろにくる文の全体を一つの名詞節にまとめる働きです。次の文を見てください。

例1 **I believe [that Sophia is honest].** 「ソフィアは正直だと思います」

例2 **I believe you.** 「私はあなた（の言うこと）を信じています」

例1 では，that は Sophia is honest という文の前に置かれ，その文全体を**一つの名詞節にまとめています**。そして that Sophia is honest という一つの名詞節が believe の目的語になっています。例2 は you が believe の目的語になっています。ですから，例1 の that 節と，例2 の you とが文中で同じ目的語としての働きをしているわけです。

今では接続詞の扱いの that ですが，歴史をさかのぼれば，元々は代名詞「それ」だったことが分かります。以下が昔の表記です。

例3 **I believe that: Sophia is honest.**

「私はそれを信じている。つまりソフィアが正直であるということだ」

この文からコロン (:) がとれて，that を接続詞として分類するようになったのです。

2．onlyの訳について

「～のみ」が直訳ですが，**《only＋時を表す副詞》**の場合には，下の 例1 のように**「～して初めて」「ようやく」**という訳が適切です。また 例2 のように**「～しか…ない」**という否定的な訳をすることもあります。

例1 **I found out the fact *only* recently.**

「つい最近になって初めてその事実を知った」

例2 **The temple is open to *only* local residents.**

「そのお寺は地元住民にしか開放されていない」

本問の they only allow you to sing along with them を「それらはそれらと一緒に歌うことを許すのみだ」では日本語として不自然なので，例2 のように「それらは，それらと一緒に歌うことしか許さない」とし，さらに「～と一緒に歌う」は「～に合わせて歌う」に変え，最終的には訳例のようにします。

3．主語が複数形で補語が単数形

最初は違和感があるかもしれませんが，よくあることです。

例 **Movies are a form of art.** 「映画は一つの芸術形態だ」

本問では第１文がこれに当てはまります。

▶接続詞ほか

that節は主語になる ①

［*That* Pluto is far smaller 〈than any other planet (in the solar system)〉］ has been shown 〈by the astronomers〉.

(S→ That：接，Pluto：S'，is：V'，far：M'_1，smaller：C'，M'_2→ than：接，any other planet (in the solar system)：S"，has：助，been shown：V，by the astronomers：M)

日本語訳例

冥王星（めいおうせい）は太陽系の中の他のどんな惑星よりも はるかに小さいことが，その天文学者たちによって示された。（※1 冥王星，※3 他のどんな惑星よりも，※2 はるかに，※4 その天文学者たちによって示された）

※1　「その冥王星」で始まる訳は誤りです。

※2　farは「ずっと」「とても」などと訳すこともできます。

※3　any other planetをanyを無視して「他の惑星」としても日本語としては問題ないかもしれませんが，大学入試では厳密性に欠けます。

※4　the astronomersは「その天文学者たち」です。また「冥王星はその天文学者たちによって……であると示された」と訳すのは，修飾関係が曖昧（あいまい）になるので避けましょう。

英文分析

Plutoという単語の意味を知らなくても，文の途中の単語が大文字で始まっていたら固有名詞だ，と気づきたいですね。

1. 《後続の文を一つの名詞節にまとめる特殊接続詞》that

この文の最初をThat Pluto「その冥王星」と読むとどうなるでしょうか？　問題が二つ生じます。

(1)　固有名詞をthis「この」とかthat「その」といった形容詞で修飾することは普通ありません。

(2)　That Pluto$_S$ is$_V$ far$_M$ smaller$_C$ than any other planet in the solar systemと考えると，ここまでで一つの文として完成しているはずなのに，後ろにはまた動詞

has been shown がきています。これは大問題です。

例えば，I love you is you. という文がおかしいことは誰でも分かりますね。つまり I love you. という一つの完全な文があるのに，さらに is you では意味不明ですよね。日本語でも「私はあなたのことを愛していますはあなたです」なんて言われたらちっとも嬉しくないですね。からかわれているとしか思えないでしょうね。

以上から，この文の最初にある that は「その」ではないと分かります。that の後には Pluto is far smaller ... system という一つの文がきていることから，この that は**《後続の文を一つの名詞節にまとめる特殊接続詞》**だと分かるわけです。ですから That Pluto is ... system 全体がこの文の主語になっています。

2.《比較級＋than any other＋名詞の単数形》の意味

例1 **Tom is taller than any other boy in his class.**

「トムは彼のクラスの他のどの少年より背が高い」

この 例1 を直訳すると，「トムは，彼のクラスの誰でもよいがトム以外のどんな少年と比べても，その子より背が高い」となります。つまり，any は「誰でもよいが，どんな～」という意味で，other は「トム以外」を示しています。また，比較するときは「1対1」で比べますから，boy という単数形になっているわけです。

例2 **Tom is more talkative than any of the girls in his class.**

「トムは彼のクラスのどんな女の子よりもおしゃべりだ」

この文ではトムと女の子を比べていますから other をつけてはいけません。

なお，**《比較級＋than any other＋名詞の単数形》**というのは，**「一般的なレベルでいうとたいしたことないが，その母集団の中では一番だ」**ということを示唆することもあります。例1 なら「トムは平均的な男子生徒と比べると，やや身長が低い方だが，クラスの中では誰よりも背が高い」といったことを暗示する可能性があります。もし「一番高い」という情報を誤解されることなく伝えたいときには，最上級を使えばよいわけです。

本問は，「冥王星は，もちろんそれなりに大きい星なのだが，太陽系の中の他の惑星，例えば水星だとか地球だとか，何と比べてもいいのだけれど，そうした惑星と比べた際に，それよりはるかに小さい」という感じになる可能性があります。

3.《have / has＋been＋過去分詞》は受動態

受動態は《*be*＋過去分詞》ですが，これを現在完了とセットで使うと《have / has＋been＋過去分詞》の形になります。本問では has been shown の部分です。

▶接続詞ほか

that節は主語になる ②

28

[*That* children (of all classes) should obey their elders [or] teachers] was frequently asserted [and] rarely questioned ⟨in the Victorian period⟩.

S→接 S' 助' V' O' V M

日本語訳例

すべての階級[※1]の子どもは，目上の者[※2]や教師に従うべきである，ということがビクトリア朝時代では[※5]頻繁に主張され[※3]，またそのことに異議が唱えられる[※4]ことはめったになかった。

※1　本問のclassesを「クラス（＝学級）」と訳すのは誤りです。

※2　eldersの訳に「年長者」は可ですが，「上級生」は意味を限定しすぎていて不適切です。

※3　was frequently assertedの訳を「頻繁に断言された」とするのは不自然です。断言は頻繁になされるものではありません。「しばしば言われた」は可です。

※4　was questionedの訳は「疑問視された」「疑問に思われた」「反論された」も可です。「質問された」は不適切です。

※5　この部分を「異議が唱えられる」の直前に置くのは間違いです。

英文分析

classは，the upper class「上流階級」，the middle class「中流階級」などの**「階級」**の意味です。もし「すべてのクラス（＝学級）の子どもたち」の意味ならばchildren in all the classesとなるはずですね。どんな簡単な単語でも，「1対1対応」で暗記してしまうと思わぬ落とし穴に落ちることがあります。文脈を十分に考えた上で訳語を決定してください。

1. 《後続の文を一つの名詞節にまとめる特殊接続詞》that

That children を見てどう思いましたか？ 「『あの子どもたち』かな」なんて思った人はいませんか？ それは間違いです。children は -s がついていませんが, police「警察」や people「人々」と同様, これで複数形の扱いの名詞です。

that「あの, その」という指示形容詞は, 単数形の名詞の前に置かれます。例えば that child「あの子ども」です。複数形の名詞に置く場合は that ではなく those「あれらの, それらの」でしたね。ですから That children と見た瞬間に, that は**《後続の文を一つの名詞節にまとめる特殊接続詞》**だと判断できるわけです。that 節は children of all classes$_S$ should obey$_V$ their elders or teachers$_O$ までで, この that 節全体が本問の主語となっています。

S be ～.「S は～だ」の文で, that 節が *S* になると, That *S' V' be* ～. となり,「頭でっかち」となります。こんな場合は, 形式上の主語 it を置いて **It is ～ that *S' V'*.** とすることが多いですね。そして～の部分には形容詞や名詞が置かれるだけではなく, 過去分詞が置かれることもあります。

例1 **It is *a pity* [that young people don't read much].**
「若者があまり本を読まないのは残念だ」※ a pity は名詞

例2 **It is *said* [that red wine is good for your health].**
「赤ワインは健康によいと言われている」※ said は過去分詞

本問では, ～の部分に asserted「主張された」や questioned「異議が唱えられた」という過去分詞が置かれています。

2. and の前後は同じ形・働きのものが置かれる

in the Victorian period という副詞句は, 二つの動詞の両方を修飾していることを見落とさないでください。これは内容から判断すべきものです。

	frequently asserted	
... was	and	〈in the Victorian period〉
	rarely questioned	

3. 対比関係に注目すると文意がとりやすい

assert ～「～を断言する, 主張する」は比較的難しい単語ですが, rarely questioned との対比から推測してみましょう。本問は「頻繁に assert され, めったに疑問に思われることはなかった」という意味です。ここから, assert は**「疑問に思う」とは反対の意味**であり,「断言する」「主張する」の意味だろうなと考えることができれば OK です。

▶接続詞ほか

that節は補語になる①

29

I have come up with an excellent idea. The only trouble is [*that* I do not have enough money (to carry it out)].

(I: S / have: 助 / come up with: V扱い / an excellent idea: O / The only trouble: S / is: V / C→ [that: 接 / I: S' / do: 助' / not: M' / have: V' / enough money (to carry it out): O'])

日本語訳例

私は名案(※1)を思いついた。唯一の問題(※2・※3)はそれを実行に移すだけのお金(※4)が私にはないことだ。

※1　an excellent ideaの訳は「(ある) 素晴らしい考え」でも可です。
※2　The only troubleのtheは「ここでの」「私が抱えている」ぐらいの意味ですが，訳さないのが自然です。よって「その唯一の問題」と訳すのは不自然です。
※3　「〜ということが唯一の問題だ」などのように補語から訳すのは不適切です。
※4　enough money to (V) の訳を「〜するのに十分なお金」とするのは避けましょう。

英文分析

1. The trouble is that *S V*.「ここでの問題点はＳＶだ」

that *S V* の that は，《後続の文を一つの名詞節にまとめる特殊接続詞》ですね。これは理解していますか？　また主語の The trouble の the は，前文を受けて特定することができるためについた the です。よって**「その問題点は，ここでの問題点は」**という意味になります。この that 節は be 動詞の後ろに置かれているので補語の扱いになります。

The trouble is that *S V*. をよく，「困ったことにＳＶ」と訳す人がいます。その訳自体は間違いではありませんが，trouble に the がついていることに注目してください。突然，The trouble で始まる文などありません。この前に何かの文があって，その文を受けて言うときに使うのです。また，that 節から先に訳して「ＳＶとは問題だ」というのもダメです。主語はあくまでも The trouble ですから，主語から読み進めるようにしてください。

また，このタイプの文は，that の代わりにコンマを用いて，The trouble is, *S V.* ということがありますから注意してください。

《the＋名詞＋is that S V》の類例として次のものがあります。

(1) The *fact* is that *S V.* 「〔前文を受けて〕それに関して，*実は* S V だ」

(2) The *point* is that *S V.* 「〔前文を受けて〕ここで*肝心なのは* S V だ」

(3) The *important thing* is that *S V.* 「〔前文を受けて〕ここで*大切なのは* S V だ」

2. enough ～ to (V) について

例1 **Maya is old enough 〈to go to school〉.**
S V C M_1 M_2
「マヤは学校へ通うぐらいの年齢だ」

例1 の enough は副詞で, 直前の old を修飾しています。**old enough** で**「何かに対して十分な年齢だ」**の意味です（なお,《enough＋形容詞・副詞》の語順は認められないので, enough old の語順は誤りです)。「十分年寄りだ」の意味ではないことに注意してください。さらに, to go to school は old enough を修飾する to 不定詞の副詞的用法です。old enough to go to school で「学校へ通うのに十分な年齢だ」という意味になります。さらに，enough を訳さず「学校へ通うぐらいの年齢」とすると，より自然な日本語になります。

例2 **Maya has enough money (to buy lunch).**
S V O
「マヤは昼ご飯を買うぐらいのお金を持っている」

この例の enough は，直後の money を修飾する形容詞です。そして to buy lunch は enough money を修飾する to 不定詞の形容詞的用法です。

3. carry it out の語順について

《他動詞＋副詞》からなる熟語の場合, 目的語の位置は副詞の前後のいずれでも OK です。例えば carry out this plan / carry this plan out「この計画を実行する」。あえて違いを述べれば，前者は **this plan に重点**があり，「実行するのは（あの計画ではなく）この計画である」の意味であり，後者は **carry out に重点**があり「この計画を（破棄せず）実行する」という意味です。目的語が**代名詞**の場合には，代名詞を強調するのは奇異なので，通例，後者の形 **carry ～ out** しか認められません。

類例 **I'll pick him up［× up him］.** 「私が彼を車で迎えに行きます」

▶接続詞ほか

that節は補語になる ②

30

It is undeniable [*that* one (of the most remarkable social changes (in recent decades)) is [*that* people have become almost totally reliant ⟨on social media⟩ ⟨to communicate ⟨with friends and family members⟩⟩]].

(It: S / is: V / undeniable: C / that: 接 / one (of the most remarkable social changes (in recent decades)): S' / is: V' / that: C'→接 / people: S" / have: 助" / become: V" / almost totally: $M"_1$ / reliant: C" / on social media: $M"_2$ / to communicate: V''' / with friends and family members: M''')

日本語訳例

ここ数十年における※2最も顕著な社会変化の一つは，人々が友人や家族と意思の疎通を図るために※4ソーシャルメディアにほぼ完全に依存するようになった※3ということであることは否定できない※1。

※1　undeniableは文字どおり「否定できない」と訳しておくのが無難です。「明白である」「認めざるを得ない」「紛れもない事実だ」などは元の単語から微妙にズレているので避けてください。

※2　in recent decadesのdecadesが複数形になっていることを見落として「ここ10年における」と訳すのは不適切です。また，この部分は名詞のchangesを修飾する形容詞句なので，副詞句の訳である「ここ数十年で」とするのは誤りです。

※3　have become almost totally reliant on ... を「ほとんど……に頼るようになり始めた」と訳すのはtotallyを無視しています。さらに「始めた」の部分が不適切です。

※4　to communicate ... は「目的」を意味する副詞句なので，「意思疎通を」という訳で済ますのは不適切です。また「意思の疎通を図る」を「意志の疎通を図る」とするのは避けてください。「会話をするために」も不適切です。communicateは「会話をする」とは限りません。また，入試では「コミュニケーションをとる」などのカタカナ語は避けてください。「連絡を取り合うために」とするのは可です。

英文分析

文の骨格はIt is undeniable that .... です。Itは**「形式上の主語」**で，that以下が**「真**

の主語」です。よって「……ということは否定できない」という意味になります。

1. 前置詞のついた名詞は主語にはならない

最初の《後続の文を一つの名詞節にまとめる特殊接続詞》thatの後の文は, one of the most remarkable social changes in recent decades is that people have become ... となっています。この部分の主語を1語で答えるとどれですか？ changesやdecadesではありません。**前置詞のついた名詞は主語にはなりません。**the most remarkable social changesには前にofがついています。また, recent decadesにもinがついています。よって, oneがこの部分の主語だと分かります。日本語では「ここ数十年における最も顕著な社会変化の一つ」というように中心となる語は最後にきますが, 英語では最初に置かれることに注意してください。

2.《後続の文を一つの名詞節にまとめる特殊接続詞》that

people have become almost totally reliant on social media「人々がソーシャルメディアにほぼ完全に依存するようになった」は一つの完全な文ですから, その前に置かれたthatは**《後続の文を一つの名詞節にまとめる特殊接続詞》**だと分かります。

なおalmost「ほとんど」は直後のtotally「全面的に」を修飾しており, これら2語がreliantを修飾しています。on social mediaという副詞句もreliantを修飾しています。

3. to不定詞の副詞的用法

people have become almost totally reliant on social media「人々がソーシャルメディアにほぼ完全に依存するようになった」という一つの**完全な文**の後に, to communicate with friends and family membersが置かれています。よって, to不定詞の名詞的用法ととることはできません。次に, social mediaを修飾するto不定詞の形容詞的用法と考えると, 日本語では「友人や家族と意思の疎通を図るソーシャルメディア」となり, 問題なさそうに見えます。しかし, 一般に名詞＋to (*V*) (to以下に名詞の欠落なし) の形で,「〜な名詞」と読むことができるのは, (1) the man to do it「それをする男性」のように, the man (*S*) ＋do (*V*) の関係が成立する場合ですが, social media (*S*) ＋ communicate (*V*) の関係は成立しません。(2) the way to learn English「英語を習得する方法」のように, to (*V*) が直前の名詞を説明する形はtime, place, wayなどの特殊な名詞で用いられ, mediaはそれに含まれません。よって, このto不定詞は,**「〜するために」**の意味の**副詞的用法**だと分かります。

▶接続詞ほか

that節中の副詞節の挿入 ①

Jessica (S) is (V) aware (C) ~~of it~~ [that (接) 〈***when*** (M'₁→接) ***I*** (S") ***feel*** (V") ***lonely*** (C")〉, I (S') often (M'₂) spend (V') time (O') 〈by the riverside (M'₃)〉].

日本語訳例

私が寂しい気持ちの(※3)ときに，よく(※4)その川辺で過ごしている(※5)ことをジェシカは知っている。(※1・※2)

※1　訳文を「ジェシカ」で始めると，「知っている」と離れすぎます。

※2　is aware that *S V*の訳は「S Vを意識している」「S Vに気がついている」でも可です。（of it の省略については英文㊲参照）

※3　feel lonely は「寂しいと感じる」「孤独を感じる」でもかまいません。「寂しい」だけでも×ではありません。

※4　often の訳は「よく」以外にも「～が多い」でも可です。

※5　spend time を文字どおり「時間を費やす」と訳すこともできます。

英文分析

1.《後続の文を一つの名詞節にまとめる特殊接続詞》thatの直後に副詞（句・節）が挿入されることがある

例1 **Jessica is aware [that I often spend time by the riverside].**

「私がよくその川辺で過ごすことをジェシカは知っている」

この文でつまずく人は少ないと思います。この that は《後続の文を一つの名詞節にまとめる特殊接続詞》で，I often ... riverside の部分を一つの名詞節にまとめています。

この文に副詞節として **when I feel lonely「私が寂しいと感じるとき」** を追加する場合，その位置は次の３種類が考えられます。

(1) ***When I feel lonely*, Jessica is aware that I often spend time by the riverside.**

(2) **Jessica is aware that *when I feel lonely*, I often spend time by the riverside.**

(3) **Jessica is aware that I often spend time by the riverside *when I feel lonely*.**

(1) の場合には，when I feel lonely は**直後の is aware を修飾**します。すると，「私がよくその川辺で時を過ごしていることを，（私が寂しくないときは気づかないが）私が寂しいときにはジェシカは知っている」というよく分からない文になる可能性があります。

(3) の場合は，(2) と同様に when I feel lonely は spend に近い位置にあるのですが，一般に副詞節が文末に置かれた場合には，**中心の動詞を修飾する傾向**にあります。この文における中心の動詞とは is です。以上から when I feel lonely が，is aware あるいは spend のどちらを修飾しているのかがはっきりしない文になってしまいます。

結局，When I feel lonely が，spend を修飾することを明示するには (2) が妥当ということになります。この文が，Jessica is aware [that 〈when I feel lonely〉, I often ...]. と見えればよいわけです。

接続詞 that の直後にまた接続詞 when がくるのは，最初は抵抗があるかもしれませんが，これは決して筆者の意地悪ではなく，上に述べたように when で始まる**副詞節と，それによって修飾される部分との関係を明確にするため**なのです。このようにして，接続詞 that の直後に副詞（句・節）が置かれる可能性があることを覚えておいてください。

なお，that の直後にくる副詞には，上記の副詞節《接続詞＋*S V*》以外にも副詞句《前置詞＋ 名詞》や1語の副詞が考えられますので，これも頭に入れておいてください。

例2 **Jessica is aware [that 〈since last winter〉 her husband has had something on his mind].**

「この前の冬以来，夫が何か悩み事を抱えていることにジェシカは気づいている」

2. thatの直後の副詞（句・節）の前後のコンマの打ち方は3通り

副詞（句・節）の両側のコンマのつけ方も覚えておいてください。(1)～(3) の意味は同じです。

(1) ... *that* 〈*when* I feel lonely〉, I often spend ....　〔副詞の右側だけにつく場合〕

(2) ... *that*, 〈*when* I feel lonely〉, I often spend ....　〔副詞の両側につく場合〕

(3) ... *that* 〈*when* I feel lonely〉 I often spend ....　〔コンマがつかない場合〕

コンマは，「息継ぎの合図」や「文の意味を明確にするための補助手段」なので，筆者によって意見は分かれます。関係代名詞節の前後のコンマを除いて「コンマの有無による意味の違い」にはそれほど神経質になる必要はありません。

▶接続詞ほか

that節中の副詞節の挿入 ②

Jill felt [that 〈***because the math exam was over***〉 she could play the piano 〈all day〉].

(Jill: S / felt: V / that: O→ 接 / 〈: M'₁→ / because: 接 / the math exam: S" / was: V" / over: C" / she: S' / could: 助' / play: V' / the piano: O' / all day: M'₂)

日本語訳例

その数学の試験が終わったので，一日中ピアノを弾く※3ことができる※2とジルは感じた※1。

※1　feltの訳として「思った」も可です。

※2　she couldのcouldは，中心の動詞feltとの「時制の一致」によるものです。日本語では「できたと感じた」とすると誤訳となります。

※3　play the pianoのtheは「大きな集合の中の部分を対比的に示す働き」です。つまり，楽器の中でも「バイオリン」や「ビオラ」ではなくて「ピアノ」であることを示す働きなので，訳しません。「対比のthe」の例としてはin the morning「午前中に」，in the country「田舎で」などがあります。

英文分析

1. 《後続の文を一つの名詞節にまとめる特殊接続詞》thatの直後に副詞（句・節）が挿入されることがある

もしfeltの後のthatを指示代名詞「それ」と考えるとJill felt that.「ジルはそれを感じた」で一つの文になります。するとJill felt that because the math exam was overで「数学の試験が終わったのでジルはそれを感じた」となりますが，そうなるとshe could ... の部分が余ってしまいます。文と文をつなぐためには接続詞が必要であり，Jill felt that because the math exam was over and she could play the piano all day. のように "and" があれば「数学の試験が終わったのでジルはそれを感じた，そして彼女は一日中ピアノを弾くことができた」となりますが，本問にはandがありません。以上からthatは**《後続の文を一つの名詞節にまとめる特殊接続詞》**だと判断できるわけです。そして because ... はこの that 節中に挿入された副詞節ということになります。

2. because ... は「なぜならば……」とは限らない

When you come back, you should take this medicine. を訳してください。「その時あなたは帰ってこの薬を飲みなさい」とするとおかしいですね。正しくは When *S' V'*, *S V*.「S' V' なとき S V」ですから「帰ったとき，この薬を飲みなさい」となります。

では **Because you are under twenty, you can't drink alcohol.** をどう読みますか？　意外と多くの学生が，「なぜならばあなたは 20 歳未満なので，酒類が飲めないからです」と後ろの節までが Because の影響下にあるような訳をしてしまいます。これは間違っています。正しくは，「あなたは 20 歳未満だから［なので］〔理由〕，酒類を飲んではいけません〔結論〕」です。

会話表現として，Why ...?「なぜ……？」に対する答えは Because ....「なぜならば……」と習いましたね。実はこれは，Why に対する応答文の〔結論〕（＝主節）を省略しています。

例えば **Why can't I drink alcohol?**「なぜ私はお酒を飲んではいけないの？」に対する答えは，上記のように，**Because you are under twenty, you can't drink alcohol.** となり，主節の you can't ... の結論部は問いかけと同じなので省略して，重要な because の部分だけが残っているのです。これは例外であり，会話体以外では Because *S V*. などの形は許容されず，**Because *S' V'*, *S V*.** あるいは ***S V* because *S' V'*.** の形になります。

本問では，〈because the math exam was over〉 she could play the piano all day という形になっているので「数学の試験が終わったので，彼女は一日中ピアノを弾くことができた」という意味です（本問では「できる」と訳すことに注意してください)。なお，she の前にコンマがありませんが，これはあってもなくてもかまいません。日本語でも読点（,）の打ち方には個人差がありますよね。

3. *S be* over「Sが終わっている」

over には**前置詞**の用法も**副詞**の用法もあります。本問の over を前置詞と考えると，前置詞の後には目的格が置かれるので，over の後ろの代名詞は主格の she ではなく目的格の her となるべきです。ですから，本問の over は前置詞ではなく副詞だと分かります。over は基本的には「ある所を越える」という感じです。これが「横切って終わった」という意味に発展し，副詞の場合「終えている」という意味をもつようになりました（この over を形容詞として分類している辞書もあります)。本書では便宜上この over を補語と分類しています。本問は，the math exam was over で「その数学の試験が終わった」の意味です。

33 ▶接続詞ほか

that節中の副詞節の挿入 ③

The scientist has warned [that ⟨***while public attention*** ***and*** ***scarce government money are concentrated*** ⟨***on symbolic animals (such as pandas or elephants)***⟩⟩, many other species are in danger (of extinction)].

(The scientist: S / has: 助 / warned: V / that: O→接 / while: M'→接 / public attention: S''_1 / scarce government money: S''_2 / are concentrated: V'' / on symbolic animals (such as pandas or elephants): M'' / many other species: S' / are: V' / in danger (of extinction): C')

日本語訳例

世間の注目※3や乏しい政府の資金がパンダやゾウなどの象徴的な動物に集まっている※4が※2，それ以外の多くの種(しゅ)が絶滅の危機にある，とその科学者※1は警告した。

※1　The scientistは特定の「その科学者」です。

※2　while *S' V'*, *S V*は，*S' V'*の内容と*S V*が逆接の関係にあるので「〜だが」と訳すのが適しています。

※3　public attentionの訳は「大衆の注目」も可です。「公(おおやけ)の注目」「公共の注目」は日本語として不自然です。

※4　are concentrated on 〜 の訳は「〜に集中している」でも可です。

英文分析

1. 《後続の文を一つの名詞節にまとめる特殊接続詞》thatの直後に副詞（句・節）が挿入されることがある

文の中心の動詞はwarned「警告した」です。

もしthatを指示代名詞「それ」と考えるとThe scientist has warned that. で一つの文になりそうですが，それは不可能です。warnは，

(1) warn＋人＋of [about / against] 〜「人に〜のことを警告する」

(2) warn that *S V*「S V と警告する」

(3) warn＋*O* to (*V*)「O に〜するよう警告する」

という形でのみ用いられるからです。よって，この that は《後続の文を一つの名詞節にまとめる特殊接続詞》だと判断します。

そして直後には，従属接続詞 while で始まる副詞節があるので，「that の直後に副詞節が挿入された形」であることを予想します。

2. while *S' V'*, *S V* の意味

while *S' V'*, *S V* の本来の意味は「S' V' の間 S V」という意味で，while は *S' V'* と *S V* が同時に成立することを示す接続詞です。

例1 **While I was traveling in the U.K., I visited the British Museum.**

「イギリスを旅行している間に，大英博物館を訪れた」

while *S' V'*, *S V* の *S' V'* と *S V* が**逆接**の関係にある場合は**「S' V' だが，S V」**と訳すことが可能です。

例2 **While schools in the north were better equipped, schools in the south were relatively poor.**

「北部の学校は設備が整っていたが，南部の学校は比較して不十分だった」

さらに ***S V*, while *S' V'*** の場合には**「S V，だがその一方で S' V'」**と訳すのが普通です。大切なことは，while に意味が多く存在するのではなくて，あくまでも日本語にしたときに，文脈に合った表現にするということです。

例3 **Schools in the north were better equipped, while schools in the south were relatively poor.**

「北部の学校は設備が整っていたが，その一方で南部の学校は比較して不十分だった」

本問は public attention ... money are concentrated on ... or elephants「大衆の注目や乏しい政府の資金がパンダやゾウなどの象徴的な動物に集まっている」と，many other species are in danger of extinction「それ以外の種の多くは絶滅の危機にある」が**逆接**の関係にあるので，**「S' V' だが，S V」**と訳します。

3.《be 動詞＋前置詞＋名詞》の分析

《前置詞＋名詞》の前に名詞がない場合，その《前置詞＋名詞》は副詞句の扱いが普通ですが，**《be 動詞＋前置詞＋名詞》**の場合，《前置詞＋名詞》を**形容詞**の扱いにすることがあります。本問も in danger ... を形容詞句と考えるのが自然です。（英文⑧参照）

▶接続詞ほか

名詞とthat節の「同格関係」①

Less than half of the expected number (S) returned (V) 〈to the river (M1)〉,
〈despite (M2→前) ***the fact*** (↑同格) [***that*** (↑接) twice as many young salmon as usual (S')
were released (V') 〈the previous year (M')〉]〉.

日本語訳例

前年はいつもの2倍の鮭の稚魚※4を放流したというのに※3，予想の※2 半数以下※1しかその川には戻ってこなかった。

※1　Less than halfは厳密には「半数未満」ですが，日本語訳をする場合は「半数以下」の方が自然です。

※2　《expect ～＋from＋人》「人から～を期待する」の場合以外は，expectを「期待する」と訳すのは避けてください。

※3　despite the fact that *S V*は「S Vという事実にもかかわらず」が直訳ですが，「S Vにもかかわらず」「S Vだというのに」で十分です。

※4　young salmonの訳を「若い鮭」などとするのは不自然です。

英文分析

コンマの前までは動詞returnedを発見すれば，その前までが主語と分かります。

1. thatを見たら，thatの後ろが一つの完全な文かどうか確認

that以下twice ... the previous yearまでは一つの完全な文です。ですからこのthatは**《後続の文を一つの名詞節にまとめる特殊接続詞》**です。しつこいようですが，このthatを「なんとなく理解している」ではいけません。しっかり理解してください。

2.《名詞＋that節》は同格の関係

that twice ... the previous year は，前述したとおり「一つの大きな名詞のカタマリ」になっています。ということは the fact という名詞と that twice ... the previous year という名詞節が連続していることになります。一般に, 名詞と名詞が連続している場合, その「二つの名詞が同格の関係にある」と言えます。それと同様に，先ほどの the fact と that 以下も**同格の関係**にある，というわけです。

名詞と名詞が同格の関係にある場合は，コンマでつなぐことが多いですが，that 節が同格の関係にある場合は，**コンマをつけない**のが普通です。

「〜という事実」のように，訳すときに that 以降を「という」とするため，that 以降を形容詞と思っている人がいますが，それは日本語の問題にすぎません。さらに「この that は何ですか？」と尋ねると「同格の that」と答える人は相当多いですが，そんな that はありません。この that は《後続の文を一つの名詞節にまとめる特殊接続詞》であり，**「the fact と that 以下が同格の関係にある」**ということです。注意してください。

3.《形容詞＋時を表す名詞》が副詞句をつくることがある

day「日」，month「月」，year「年」，summer「夏」，Monday「月曜日」などの時を表す名詞の前に，this，last，(the) next，the previous などがつくと，**前置詞は不要**です。on Monday「月曜日に」は可ですが，on last Monday とは言いません。on を省いて last Monday とします。本問の the previous year も前置詞はありませんが副詞句となっています。

4.《倍数詞＋as 〜 as ...》は倍数表現

本問は many young salmon were released the previous year「その前年に多くの鮭の稚魚が放流された」が基本の文で，ここに《倍数詞＋as 〜 as ...》がついて，twice as many young salmon were released the previous year as usual「通常の 2 倍の鮭の稚魚がその前年に放流された」となります。このように as usual は本来は文末に置かれるはずですが，理解しやすいように，as usual を最初の as に近い位置に移動させたのが本問です。このような現象を**「比較対象の前置」**と呼びます。

類例 **You should work as hard as possible to achieve your goal.**
「目標を達成するため，できるだけ努力しなさい」

35

▶接続詞ほか

名詞とthat節の「同格関係」②

The news suddenly reached our dormitory [***that*** the principal (of our school) was going to resign ⟨on the grounds (of ill health)⟩].

(The news: S／suddenly: M／reached: V／our dormitory: O／that: 同格・接／the principal (of our school): S'／was going to: 助'／resign: V'／on the grounds (of ill health): M')

日本語訳例

私たちの学校の校長先生が健康上※3の理由から辞職される※2という知らせが，私たちの寮に突然届いた※1。

※1　suddenly は reached を修飾しているので，「突然，……届いた」と訳すのは修飾関係が不明瞭になるため避けてください。

※2　resign の訳は「退職する」「辞任する」「辞める」でも可です。

※3　ill health の訳は「体調不良」「健康の問題」「健康がすぐれない」などでも可です。

英文分析

dormitory の後の that 節の役割が何か，を考えましょう。

1.《名詞＋that節》は同格の関係

that 以下の英文を確認しましょう。すると「私たちの学校の校長先生が健康上の理由で辞職するだろう」という一つの完全な文がきています。ということはこの that は《後続の文を一つの名詞節にまとめる特殊接続詞》で，that ... health が一つの大きな名詞の扱いとなります。

次に本問の前半を確認します。The news suddenly reached our dormitory は「知らせが私たちの寮に突然届いた」という意味です。これは一つの完全な文だと言えます。

ということは，本問全体の構造は，**《完全な文＋名詞節》**で，文の後にさらに一つの名詞が存在することになります。これは不思議ではありませんか？　普通，一つの完全な文の後に名詞がくることなど考えられません。

では，**その文の後にきた名詞節である that 節が「前文の中の名詞のいずれかと同格の関係にある」**可能性を考えてみましょう。

さて，まずは直前の名詞 our dormitory ですが，「私たちの学校の校長先生が……辞職するという＝私たちの寮」では意味が通りませんね。その前の The news との組み合わせは，「私たちの学校の校長先生が……辞職するという＝知らせ」で，OK となります。news の前に the がついているのは，news が that 節と同格の関係になっており，特定できる news であることを示しているのです。「その」と訳してはいけません。

この文を通常の語順で書けば The news *that the principal of our school was going to resign on the grounds of ill health* suddenly reached our dormitory. となります。ただし，これではあまりにも主語が長すぎるため，that 節だけを後ろにまわしたと考えればよいでしょう。

2. カタカナの使用について

日本語にするとき，次の場合にはカタカナによる外来語表記は避けるべきです。

(1)　カタカナでは意味が一つだが，英語ではそれ以外の用法がある場合

race：「レース（＝競争）」　※「種族」の意味もある

(2)　一部ではカタカナ表記でも認知されているが，それほど一般的ではないもの

assessment：「アセスメント」「環境アセスメント（＝環境評価）」

英語をそのままカタカナとするときに，それが **(1) (2)** に当たるかどうかの判別ができなければ，結局，「カタカナは使わないで他の日本語に言い換える」という方針を貫いた方が無難でしょう。ある年の名古屋大学の下線部訳の問題で make the bed「ベッドメイキングする」という部分がありましたが，名古屋大学発表の解答では「寝床を整える」となっていました。日本語の「寝床を整える」というのは，もはや古風な感じがしますが，この訳は大学側からの「カタカナは避けてください」というメッセージなのかもしれません。よって，本問の news も「ニュース」とするより**「知らせ」**とするのが無難です。

3. on the ground(s) of ～ について

この表現の興味深い点は，一つの根拠・理由であっても，しばしば ground を複数形にすることです。これは ground を「（建物を囲む）敷地」の意味で使う場合，通例複数形にすることに影響されたのかもしれません。

▶接続詞ほか

so / suchを見たらthatを探そう①

講義音声⑭ 36 / 84

Some people seem ***so*** confident 〈in their opinions (about popular music)〉 〈***that*** we tend to believe [whatever they say]〉, 〈even though those opinions may often be completely mistaken〉.

(Some people: S / seem: V / so confident: C / in their opinions (about popular music): M_1 / that: M_2→接 / we: S' / tend to: 助扱い / believe: V' / [: O'→ / whatever: O" / they: S" / say: V" / even though: 接 / those opinions: S" / may: 助" / often: $M"_1$ / be: V" / completely: $M"_2$ / mistaken: C")

日本語訳例

大衆音楽[※2]についての自分の意見にとても自信をもっているように思える人もいる[※1]ため，それらの意見はしばしば完全に間違っている[※5]かもしれないのに，私たち[※3]は彼らの言うことなら何でも[※4]信じてしまう傾向がある。

※1　Someは「(〜の中には)…なものもある」というような訳し方をしてください。

※2　popular musicの訳語にカタカナを用いた「ポップス」や「ポピュラー音楽」などは避けてください（英文㉟参照）。

※3　この文のweは，theyとの対比を明確にするために「私たち」と訳すのが適切です。

※4　whatever they sayは，believeの目的語となる名詞節なので「彼らが何を言おうとも」という副詞節の訳は避けてください。

※5　completely mistakenの訳語として「完璧に間違っている」は認められません。

英文分析

主語と動詞の組み合わせがたくさんありそうなときは，前から順に対応を考えていきます。Some people ... popular music までは，《*S V C*＋in 〜》という構造です。この後に that 節がありますが，これは名詞節ではありません。この前の部分に so confident とあるので，いわゆる**《so 〜 that 構文》**になっています。この that 節は，so confident という形容詞句を修飾する副詞節の役割です。

1. 主語についたsomeは「(～の中には)…なものもある」と訳す！

本問の some は**「存在はするけれど不定数・量の」**の意味の形容詞です。訳すには細心の注意が必要です。例えば Some people are from the U.S. という文では，アメリカ出身者は3人かもしれないし100万人かもしれません。ですから「幾人［何人］かの人々」とはできません。このような場合には「アメリカ出身の人々もいる」という訳し方をします。

2. soを見たらthat節やas to *(V)* を探そう

so は，口語では very の代わりとして用いられることもありますが，書き言葉では次のことが大切です。

(1) まずは，後ろに that *S V* か as to *(V)* がないか確認。あれば，**that *S V*, as to *(V)* が so ～ を修飾**しています。

例1 **He was so tall that he stood out in the crowd.**
「彼はとても背が高く，その群衆の中で目立った」

例2 **His remark is so vague as to be meaningless.**
「彼の発言は意味をなさないほど曖昧(あいまい)だ」
→「彼の発言はとても曖昧なので意味をなさない」

(2) that *S V*, as to *(V)* がなければ次のどちらかを考えます。

(a) それより前の文（の一部）を指して「そう」

例3 **"Do you think it will be sunny tomorrow?" — "I hope so."**
「明日は晴れだと思う？」—「そうなってほしいね」

(b) 聞き手にも分かる範囲の「これほど，それほど」

例4 **Don't be so angry.** 「そんなに怒るなよ」

本問では，so の後に that *S V* があるので，(1) の《so ～ that 構文》だと判断できます。so と that が少し離れていますが，気がついたでしょうか？

3. whatever *S V* はwhat *S V* の強調形と考える

例 **You should not allow your dogs to do what they like.**
「ワンちゃんたちに好きなことをすることを許してはダメよ」

この例の what を whatever で置き換えると，「好きなこと」が「好きなこと**なら何でも**」という意味になります。

37 ▶接続詞ほか

so / suchを見たらthatを探そう②

Japanese people (S) are (V) ***so*** convinced (C) ~~of it~~
[that (接) Japanese food (S') is (V') unique (C')] 〈***that*** (M→ 接) they (S') cannot (助') believe (V')
[that (O'→ 接) a foreigner (S") can (助") eat ($V"_1$) it ($O"_1$), let alone (接扱い) enjoy ($V"_2$) it ($O"_2$)]〉.

日本語訳例

日本人は，日本食[※2]は独特なもの[※3]だと思いこんでいる[※1]から，外国人が日本食を食べること，ましてや[※4]，それを楽しむことができるなどというのは信じられない。

※1　convincedの訳は「確信している」「信じている」でも可です。
※2　Japanese foodは「日本料理」「和食」でも可です。
※3　uniqueの訳は「比類のない」「唯一無二の」なども可です。「ユニーク」は避けます。
※4　let aloneは接続詞的な役割を果たし，本問ではeat itとenjoy itをつないでいます。これを無視した「食べて楽しむことはできない」という類いの訳は誤りです。

英文分析

三つのthat節をどのように考えるかが鍵となります。

1.《前置詞＋it》の省略

thinkは，通例自動詞として，think about [of] ～ という形で使います。ところが，that節を目的語として従える場合に，think about [of] that *S V*とは言えません。that節は通例，前置詞の後に置けないからです（in that *S V*「S Vという点で」，except that *S V*「S Vを除いて」は例外）。よって，think about [of] it that *S V*のように，**形式上のit**を立ててthat節を置きます。しかし煩雑なこともあり，**about [of] itを省略**して**think that *S V***という形にします（現在の辞書では，このthinkは他動詞の分類です）。

現在でも depend のように depend on it that *S V*「S V に依存している」という形で使うものもまれにありますが，ほとんどの場合，《前置詞＋it》は省かれます。

本問の *be* convinced that *S V* も，***be* convinced of it that *S V*** から，**of it が省かれた形**と考えればよいでしょう。

2. so を見たら that を探そう

so を見たらまず，後ろに **that *S V*** あるいは **as to *(V)*** を探すのが鉄則でした。本問は so convinced that Japanese food is ... とあるので，「とても確信しているので日本食は……だ」としてしまいそうですが，残念ながらここでは間違いです。

(1)「確信している」だけでは，何を確信しているのかが不明

(2) 2 番目の that 節の説明がつかない

という問題が生じるためです。よって「最初の that 節は，《so 〜 that 構文》の that ではない」という結論に達します。以上から **2 番目の that 節が《so 〜 that》の that** だと判断できます。

Japanese people are **so** *convinced* [that Japanese food is unique] ⟨**that** ...⟩.

[ ] は確信している内容

このように《so 〜 that 構文》で，〜の部分に，*be* convinced のような that 節を伴う形容詞や過去分詞がくる場合には，2 番目の that 節が《so 〜 that》の that になります。

他の例を見てみましょう。

例1 **Anne was so afraid [*that he would change his mind*] ⟨that she called him again and again⟩.**
「アンは彼が心変わりをするのではないかとひどく恐れて，何度も彼に電話した」

例2 **I was so sure [*that Arthur was reliable*] ⟨that I never doubted what he said⟩.**
「私はアーサーは信頼できると強く確信していたので，彼が言うことを一度も疑わなかった」

例3 **I was so convinced [*that I was right*] ⟨that I wouldn't listen to reason⟩.**
「私は自分が正しいと強く確信していたので，理性に耳を傾けることは決してなかった」

さて，本問 3 番目の that 節は，believe 〜「〜を信じる」の「〜」に当たる**名詞節をつくる that** ですね。後ろの二つの it は Japanese food を指します。具体的な料理名ではなくて日本食全体について述べているので単数形になっています。

文末に省略されている enjoy の主語は a foreigner ですね。let alone が見慣れないからといって，無理矢理これを主語ではないかと考えるのは間違いです。

▶接続詞ほか

so / suchを見たらthatを探そう ③

Science has made ***such*** great progress, [and]
(S_1 助$_1$ V_1 O_1 接)

education is ***so*** widespread, 〈***that*** we are all more or less familiar 〈with the laws (of nature)〉〉.
(S_2 V_2 C_2 接 S' V' 同格 C' M')

日本語訳例

科学は大いに進歩し，教育が普及したので，私たちは皆自然界の法則について多かれ少なかれ知識を持っている。
(※1 普及した ※2 私たちは皆 ※5 法則 ※3 多かれ少なかれ ※4 知識を持っている)

※1　widespreadの訳は「広範囲に及ぶ」でも可です。

※2　allはweと同格の関係にあるので，「私たちは皆」という訳になります。

※3　more or lessは通例almostの意味で使われますが，ここでは「ほとんど」とすると不自然な訳になるので避けてください。

※4　*be* familiar with 〜 は「〜を知っている」の意味であり,「〜と親しんでいる」「〜をとてもよく知っている」ほど強い意味ではありません。

※5　この文のlawsは「法則」であって「法律」ではありません。

英文分析

1. suchを見たらthatを探そう

such 〜 that ... は，基本的にはso 〜 that ... と同じと考えて大丈夫です。大きな違いは，soは**副詞**で後ろには形容詞・副詞・分詞（*(V)ing*，*(V)p.p.*）がきます（例：*so* beautiful／*so* loudly／*so* surprised)。対してsuchは**形容詞**ですから，後ろには名詞,《冠詞＋名詞》,《冠詞＋形容詞＋名詞》が置かれます。such 〜 that ... の that 節は，**suchを修飾する副詞節**です。

例1 **It was such a hot day that we decided to stay home all day.**
「とても暑い日だったので私たちは一日中家にいることにした」

この例を《so ～ that 構文》を用いて書くと次のようになります。

例2 **It was so hot a day that we decided to stay home all day.**

so は副詞なので，so a hot day という語順は許されません。so という副詞に影響されて形容詞が前に飛び出てきます。そしてその後に《冠詞＋名詞》が続きます。

さらに，**冠詞のつかない《形容詞＋名詞》**の場合には **so を使うことはありません**から注意してください。＊ただし例外的に so many ～ と so much ～ は OK です。

例3 **They were such ［× so］ clever students that they came up with an alternative idea for the summer festival immediately.**

「彼らはとても頭がよい生徒なので夏祭りについてすぐさま代案を考えついた」

本問では，great progress は**冠詞がありませんから such** と組み合わさり，widespread は**形容詞ですから so** が前に置かれているのです。

2. *A*, and *B*, ～ の ～ は *A* と *B* の両方につながる

A ～ and *B* ～ の場合，共通要素の ～ は，どちらか一つを省略するのが普通です。そして，その場合には，最初の ～ を省略するのが通例です。省略すると，*A* and *B* ～ となりますが，これでは，～ が *B* とだけ関係があるように誤解を与えてしまうかもしれません。そこで **～ が *A* と *B* の両方と関わっている**ことを明確にするために，***A* と *B* の後ろにコンマを打つ**ことがあります。つまり *A*, and *B*, ～ とするのです。次の例では can と must が and によってつながれています。

例 **We *can*, and *must*, be aware that there are many people starving in the world.**

「世界には飢えている人が多いということを私たちは自覚できるし，またそうすべきである」

本問では *A* に当たるのが Science has made such great progress で，*B* に当たるものが education is so widespread で，～ に当たるものが that 以下です。次のように見えれば OK です。

Science has made *such* great progress, and education is *so* widespread,	that we are all more or less ....

コンマは文を分断しているのではなく，読者に分かりやすくするために打たれていることが分かれば OK です。(英文65参照)

▶接続詞ほか

so / suchを見たらthatを探そう ④

Mr. Thompson, a music teacher, has ***such*** high standards
(S) (同格) (V) (O)

⟨***that***, ⟨unless we spend all our time ⟨trying to please him⟩⟩,
(M→ 接) (M'1→ 接) (S") (V") (O") (M")

he is never satisfied⟩.
(S' V' M'2 C')

日本語訳例

音楽教師のトンプソン先生は，とても基準が高いので[※1]，私たちがすべての時間を尽くして彼が喜ぶように[※3]しなければ[※2]，決して満足しないのである。

※1　has such high standardsの訳は「とても理想が高い」でも可です。

※2　unlessの訳を「〜の場合を除いては」としてもかまいません。

※3　spend all our time trying to please himは「すべての時間を彼を喜ばせようとするのに使う」「すべての時間を使って彼を喜ばせようとする」などでも可です。

英文分析

1. 《名詞＋コンマ＋名詞》は同格関係の合図

本問のMr. Thompsonとa music teacherは**同格の関係**にあります。つまり，a music teacherがMr. Thompsonの説明をしている形になっています。日本語にする際には，適宜日本語を補って訳してください。例えば「トンプソン先生という音楽の先生」あるいは「音楽教師であるトンプソン先生」などとします。

2. suchを見たらthatを探そう

普通の形容詞は，a *cheap* bag「安いカバン」のように冠詞と名詞の間に置かれますが，この形容詞suchは*such* a 〜 のように**冠詞の前**に置かれるので，特殊な語順ということになります。

また such「そのような」という意味から，**such ～ that *S V*** は直訳すると「それほど～だ。そして，『それほど』というのは S V なくらいだ」となります。普通は，意訳して前から後ろへ**「とても～なので S V」**とします。

例 **Emily is such a nice woman that everyone in this office likes her.**

「エミリーは，このオフィスの人は皆彼女のことが好きなほどいい人だ」

→「エミリーはとてもいい人なので，このオフィスの人は皆彼女のことが好きだ」

本問では，... such high standards that, ... の部分がそれに相当します。

3. thatの直後に副詞（句・節）が挿入されることがある

that の後には unless *S' V'* という副詞節が挿入されています。そしてこの unless *S' V'* は，is never satisfied を修飾しています。

unless *S' V'* が接続詞 that の直後に挿入された理由は以下のとおりです。

一般に，《*S V* ～ (,) 従属接続詞＋*S' V'* ...》となっている場合には，《従属接続詞＋*S' V'*》の部分は，主文の *V* を修飾します。ですから，もし unless *S' V'* を文末に置いて，Mr. Thompson, a music teacher, has such high standards that he is never satisfied, unless we spend all our time trying to please him. とすると，unless *S' V'* が主文の動詞 has を修飾している可能性が高くなります。そしてその場合，「*S' V'* の場合以外は，先生はとても高い基準をもっているので，」という意味不明な文になってしまいます。

よって，unless *S' V'* が is never satisfied を修飾していることを明確にするために，この位置にあることが分かります。(英文㉛参照)

4.《spend＋時間＋*(V)ing*》とは

昔は《spend＋時間＋in *(V)ing*》となっていて**「～することにおいて（時間）を費やす」**という意味でした。そしてこの in が消えていき，今ではほとんどの場合 **in を省きます。**

have difficulty in *(V)ing*「～するのに苦労する」，*be* busy in *(V)ing*「～することで忙しい」も同様に，現在では in を省くのが普通です。

例 **I had difficulty getting a taxi.** 「タクシーを拾うのに苦労した」

▶接続詞ほか

thatが関係代名詞か接続詞かの識別

Most inhabitants (of the developed Western nations)(S) are(V) aware(C) 〈by now〉(M) ~~of it~~ [*that*(接) the demands {*that* we are making 〈on our planet〉}(S'_1) are(V'_1) excessive(C'_1)] and(接) [*that*(接) our present course(S'_2) is(V'_2) unsustainable(C'_2)].

日本語訳例

私たちが地球に対して強いている負担(※3)が度を過ぎているということ，そして私たちの現在の方向(※4)は持続可能ではない(※5)ということを，西洋の(※2)先進国に住んでいる大半の人々(※1)は今では気がついている。

※1　Most inhabitantsの訳として「住民の大半」は不適切です。most of ～ の場合は「～の大半」という訳になります。

※2　Westernの訳として「西の」は誤りです。

※3　the demands that we are making on ～ の訳に「～に行っている要求」「～している要求」なども可です。

※4　courseの訳として「やり方」「方針」「生き方」なども可です。「コース」は誤りです。

※5　unsustainableの訳は「持続可能ではない」以外は不適切です。

英文分析

1. 《名詞＋that》の後ろに「名詞の欠落」があれば関係代名詞

まず，the demands that we are making on our planet に注目します。make は「～を作る」という意味の他動詞ですが，この動詞の目的語がありません。つまり，この that 以下には**「名詞の欠落」**があるといえます。ということは，この that は**関係代名詞**で，that(O) we(S) are making(V) となっているのです。先行詞は直前の the demands ですね。

英語が苦手な人は，特殊な状況を思い浮かべがちです。例えば，この英文の making on を見て，「make on ～ という熟語かな」と思ってしまうわけです。何事でもそうですが，特殊な状況というのはめったに出てきません。まずは，基本に忠実に考えることが大切です。make for ～「～へ向かう（元は make way for ～ の way の省略形です）」なんてものも確かにありますが，make は基本的には「～を作る」という他動詞だと認識しておいてください。

2. 関係代名詞節によって焦点化された文の訳し方

さて，最初の that の役割を考えましょう。that の後ろは the demands ...$_S$ are$_V$ excessive$_C$ で完全な文ですね。ということは，この that は**《後続の文を一つの名詞節にまとめる特殊接続詞》**ということになります。

that 以下を，日本語になじむ英語に書き換えれば We are making excessive demands on our planet.「私たちは私たちの惑星に過度の要求をしている」となります。この demands と excessive に焦点を当てるために関係代名詞節を用いた「英語流」の形が本問の the DEMANDS {that we are making on our planet} are EXCESSIVE です。これを直訳すると「私たちが私たちの惑星に対して課している要求は過大だ」となりますが，このように「英語流」のまま日本語にするとややぎこちないですね。なので，思い切って「私たちは私たちの惑星に過度の要求をしている」とするという手もあります。

例 **I did not realize the extent to which she had loved me.**
「彼女がどの程度私を愛していたかが分からなかった」

3. andのつなぐもの

and の後ろの that はどうでしょうか？　これも that 節内部が our present course$_S$ is$_V$ unsustainable$_C$ で完全な文ですから**《後続の文を一つの名詞節にまとめる特殊接続詞 that》**だと分かります。

そして**二つの that 節**が and でつながれていることが分かれば OK です。

... are aware by now | that the demands ... / and / that our present course ...

by now は aware を修飾していますから，長い that 節の前に割り込んできたと思われます。なお，by now の now は名詞の扱いです。

▶不定詞

to (V) ～ のtoは「まとめ役」①

It is never a mistake [***to*** *answer honestly*, and *not omit any details*, ⟨*when questioned* ⟨*by a physician*⟩ ⟨*about the symptoms* {*that you have been experiencing*}⟩⟩].

(It: S / is: V / never: M / a mistake: C / answer: V'_1 / honestly: M'_1 / and: 接 / not omit: V'_2 / any details: O'_2 / when …: M'_2→ when: 接 / questioned: V" / by a physician: M''_1 / about the symptoms: M''_2 / that: O''' / you: S''' / have: 助''' / been experiencing: V''')

日本語訳例

自分が経験してきた症状について医師から質問されたときに，正直に答え，いかなる詳細な部分も省かないことは，決して間違いではない。

(自分※4 / 医師※3 / 正直に※1 / いかなる詳細な部分も※2)

※1　honestlyの訳は「包み隠さず」「誠実に」でも可です。

※2　any detailsは，anyも丁寧に訳して「いかなる詳細も」としてください。detailsの訳として「細かいこと」「細部」は可です。

※3　physicianは通例「医師」の意味です。文脈によっては「内科医」と訳すこともありますがまれです。

※4　youは一般論を示す働きなので「あなた」と訳してはいけません。

英文分析

1. 文頭にitがあれば形式上の主語を考えよう

《It (＋助動詞)＋be 動詞＋～ to (V).》の形の文は，通例 it は「形式上の主語」で，to (V) の部分が「真の主語」になっています。

例 **It would be ridiculous to abolish school trips.**

「修学旅行を廃止するのはばかげているだろう」

「形式上の主語」を用いる理由は，一般に三つあります。

(1) 主語が長いのは不格好なので，文末に置きたいから

(2) to (V) の部分が新情報になっており，文末に置きたいから

(3) to *(V)* を主語に置くのは一般的ではないから

本問も，It is ... で始まり to *(V)* と続くので**「形式上の主語」**と判断できます。

2. to *(V)* and *(V)* について

to *(V_1)* and *(V_2)* のように，**to が一つしかない場合**には，*(V_1)* と *(V_2)* が**連続している**，あるいは**一体化している**ことを示唆します。

例1 **I like to go out and breathe in fresh air.**

「私は外出して新鮮な空気を吸うのが好きだ」

この例では go out と breathe in fresh air が一連のこととしてとらえられています。

例2 **My task is to clean the office and to buy lunch for everyone.**

「私の仕事は，事務所の掃除と皆の昼ご飯を買うことだ」

この例では clean the office と buy lunch for everyone は別のこととしてとらえられています。

本問では，answer と not omit が一連の事柄としてとらえられているために，to が一つしかついていないのです。なお to not *(V)* という語順は，普通は使いませんが，本問のような場合には許容されています。

3.《名詞＋that》の後ろに「名詞の欠落」があれば関係代名詞

名詞の直後に that がある場合に，that 節が名詞節か関係代名詞節かの識別は，**that の後ろに「名詞の欠落があるかどうか」**で決まります。

例1 **The fact that they are from Japan is familiar to her.**

「彼らが日本出身であるという事実は彼女には知られている」

この例では they are from Japan が一つの完全な文なので，that は《後続の文を一つの名詞節にまとめる特殊接続詞》ということになります。この場合, The fact と that 節が同格の関係になっています。

例2 **The information that we obtained from her seems to be true.**

「私たちが彼女から得た情報は本当のように思える」

この例では obtain ～「～を得る」の目的語がありません。よって that は，obtained の目的語となる目的格の関係代名詞と分かります。もし obtain が通例他動詞であることが分からないと，that の識別は困難です。

本問では，experience ～ が「～を経験する」という意味の他動詞なので that は**関係代名詞**だと分かります。「that の後の名詞の欠落の有無」がポイントです。

▶不定詞

for ～ to (V) は「～がVする」①

〈**For** *farmers* **to** *succeed* 〈*in those areas* {*where drought has become a problem*}〉〉, there must be a greater effort (on the part of the government) (to ensure a stable water supply).

（M₁→ For; S' farmers; V' succeed; M" where; S" drought; 助" has; V" become; C" a problem; M₂ there; 助 must; V be; S a greater effort (on the part of the government); V' ensure; O' a stable water supply）

日本語訳例

干魃（ばつ）が問題になっている地域で[※2]農家が[※1]成功するためには，政府が[※4]，安定した水の供給を確保する[※5] さらなる努力をしなければならない[※3]。

※1　For farmersは，to succeedの「意味上の主語」なので，「農家にとって」という訳は認められません。またfarmersの訳は「農夫」「農家の人々」「農場主」なども可です。

※2　those areasのthoseは「先行詞を示す役割」で訳語は不要です。

※3　there must be a greater effortの直訳は「より大きな努力がなければならない」ですが，このままでは不自然なので訳例のようにします。このthereは《there（＋助動詞）＋be動詞＋～》で「～がある」の意味なので，「そこで」と訳してはいけません。

※4　～ on the part of the governmentは，「～の主体が政府であること」を示しています。よって，「政府の側の」が直訳ですが「政府が」「政府は」と訳すのが適切です。またthe governmentのtheは，書き手と読み手の共通認識の政府であることを示す働きです。訳は不要です。（英文⑰参照）

※5　to ensure ... はeffortを修飾する形容詞句です。よって「……を確保するために」といった副詞句のような訳は避けてください。ただしeffortの部分を動詞的に「努力する」とする場合は，「……のために（努力する）」と訳すことはできます。

英文分析

本問では，For ～ to (V) ... の後に，there で始まる一つの完全な文がありますから，この to 不定詞は副詞的用法「V するために」だと分かります。

1. for ～ to (V) は「～がVする」が原則

for ～ to (V) では，for ～ の部分は，**「to 不定詞の意味上の主語」** と呼ばれます。「文の主語ではないけれど，意味の上で (V) の主語になっていますよ」ということです。

例 ***For a hotel to be considered green*, it would have to be completely demolished, and trees would have to be planted over it.**

「ホテルが環境に優しいとみなされるためには，それを完全に取り壊して，そこに木を植えなければならないだろう」

本問では For farmers to succeed の For farmers の部分が「to 不定詞の意味上の主語」の働きをしています。

2. 文頭の to (V) は二通りの可能性を検証

文頭の to (V)，あるいは for ～ to (V) は二通りの可能性があります。

(1) 名詞的用法：主語になる（to (V) が主語になるのはまれです）

例1 **To lead an environmentally sound life is not always easy.**

「環境に配慮した生活をするのはそう簡単とは限らない」

(2) 副詞的用法：主節や主節の動詞を修飾する

例2 **To lead a happy life, you should be kind to others.**

「幸せに暮らすには，人に親切にしなければならない」

(1) のように to (V) の後ろに動詞（is not ...）が続いていれば名詞的用法で，**(2)** のように，to (V) の後ろに一つの完全な文（you should be kind to others）があれば副詞的用法です。本問では **(2)** の用法です。

3.《those＋名詞》を見たら後ろに関係代名詞を探す

この those は「あれ（ら）の」です。まず「あの」と言って読者の注意を引きつけ，続いて関係代名詞節（本問では where *S V* の関係副詞節）で，「あの」の具体的な内容を説明するわけです。つまりこの those は先行詞を示す役割で「あの」という指示性は薄れているので訳さないでください。なお，《those＋名詞》の後に関係代名詞が続く場合の例を挙げておきます。

例 ***Those words and figures that* the painter put on the back of this canvas** S **threw** V **light** O **on his mysterious color-blending techniques.**

「その画家がこのキャンバスの裏に記した言葉と数字が，彼の配色の秘密の解明に光明を投げかけた」

▶不定詞

for ～ to (V) は「～がVする」②

[What we want] is [*for the government* ***to*** *provide an excellent public transportation system, especially a train system,* 〈so that people would be encouraged (to drive less)〉].

S→ What(O') we(S') want(V') / is(V) / C→ the government(S') provide(V') an excellent public transportation system, especially a train system(O') / so that(接扱い) people(S') would(助') be encouraged(V') to drive less(C')

日本語訳例

私たちが望むのは，[※1] 人々に車の運転を控えることを奨励するように，[※4] 政府が[※2] 立派な[※3] 公共交通機関，特に鉄道を提供してくれることである。

※1　主語を「私たちが政府に望むことは」とするのは文構造を無視した訳です。また文末で「……を私たちは望みます」とするのも認められません。

※2　for the governmentを「政府にとって」とするのは避けてください。

※3　excellentの訳として「素晴らしい」「優れた」も可です。

※4　so that ... の訳を「人々が車をあまり使わないように」とするのは，be encouragedを無視したことになり認められません。この部分を最後に訳して，「……を提供し，人々が車をあまり使わないよう奨励することである」とするのは可です。

英文分析

1. whatを見たら「名詞の欠落」を探す

whatの後ろには必ず「名詞の欠落」があります。What we wantではwantの後ろに目的語に当たる名詞が欠落しています。そして，Whatを**疑問詞**と考えれば**「私たちが何を望むのか」**となり，Whatを**関係代名詞**と考えれば**「私たちが望むもの・こと」**となります。どちらでも間違いではありませんが，What ... is ～ の形式では，Whatは関係代名詞と考えるのが普通です。

例 [**What is important**] **is** [**to do your best**].

○「重要なのはベストを尽くすことです」

×「何が重要かと言えば，それはベストを尽くすことです」

以上から本問の What we want は**「私たちが望むもの・こと」**です。

2. for ～ to (*V*) は「～が V する」

S＋*be* の後に for が続く文でまず考えられるのは，This is for you.「これをあなたに」や This bus is for Nagoya.「このバスは名古屋行きです」などです。しかし，本問では，後ろに to (*V*) がありますから，for *A* to (*V*)「A が V すること」だと考える必要があります。for *A* to (*V*) では，for *A* の部分は，**「to 不定詞の意味上の主語」**です。ですから「政府にとって」という読み方は間違いです。**for the government to provide ～** で**「政府が～を提供すること」**の意味です。

the government は「皆さんも知っている政府」ですから，想定される読み手が日本人なら日本国政府，イギリス人なら英国政府を意味することになります。

3. so that *S* can / will (*V*)「S が V するために」

so that で一種の接続詞と考えてください。「ために」という日本語は理由の場合と目的の場合がありますが，... so that *S* can / will (*V*) は理由ではなく**目的**を表します。

例1 **Nancy covered her face so that her parents wouldn't see her crying.**

「ナンシーは両親に泣いているところを見せないために顔を隠した」

so that というのは，元々は，so が「そのように」という副詞で，その具体的内容が that 以下に示された形ですが，今では so that で一つの接続詞のように考えられています。この that は省略されることもありますので気をつけてください。また，so that が「目的」を表す場合，未完了のことなので，本来 will や can や may などの助動詞が必要ですが，現在では助動詞がない場合もあります。

さらに，so that は，目的ではなく「結果」を表すことがあります。so「だから」は，この so that の that が省略された形です。

例2 **I missed the train, so** (that) **I was late for school.**

「電車に乗れなかった。それで学校に遅刻した」

so that が「目的」か「結果」かの最終判断は内容によって決めるのが確実です。

本問の so that の後に **would** が使われているのは，「もしそのような立派な公共交通機関が提供されれば」という含みをもたせるため，**仮定法**が適用されているからです。

▶動名詞
(V)ing ～ の -ingは「まとめ役」①

Most (of the work {*which* you are required (to do 〈in this course〉)})
S　O'(省略)　S'　V'　C'

is [*understanding the contents of books*] and [*being able to explain 〈to other students〉 [what the writers want to say]*].
V　C_1　接　C_2

日本語訳例

この講座でやることを要求される作業の大半は，本の内容を理解し，その筆者が言いたいことを他の生徒に説明できることです。
（※3 講座／※2 される／※1 作業の大半／※4 説明できること）

※1　Most of the workは「作業の大半」の意味であり，「大半の作業」ではありません。また，この文のworkの訳として「仕事」は不適切です。

※2　youは「一般論を示すyou」なので訳しません。

※3　courseの訳として「コース」は不適切です。

※4　being able to explainの訳としてbeing able toの部分が欠落している「説明すること」は不適切です。

英文分析

1. 《名詞＋名詞＋動詞》は関係代名詞の省略を疑ってかかれ！

まずMost of the work you are required to do in this courseというカタマリに目を向けます。

この文ではdo ～「～をする」の目的語がありませんから，doの後ろに「名詞の欠落」があると判断できます。よって，関係代名詞whichがyouの前に省略されていることが分かります（英文⑳参照）。Most ... courseまでがこの文の主語になっていることを確認してください。

2. andの前後は同じ形・働きのものが置かれる

andの後ろにはbeing able to ... と *(V)ing* の形があり，andの前にもunderstanding ... がありますから，andはこの二つの *(V)ing* ... をつないでいると判断できます。

... is | understanding the contents of books
and
being able to explain ... say

3. *S be (V)ing*について

*S be (V)ing*という形には，二つの可能性があります。

(1) 現在進行形 例1 **My father is driving a bus now.**
「父は今，バスの運転をしている最中だ」

(2) be＋動名詞 例2 **My father's job is driving a bus.**
「父の仕事はバスの運転をすることだ」

(1) はdriving a busが形容詞句になっています（この場合，「現在進行形」と呼ばれています)。つまり，**「バスの運転をしている状態」**ということで，My father is driving a bus. がMy father is happy.「父は幸せな状態です」と同じ形に見えればいいわけです。

それに対して，**(2)** は，driving a busが名詞句になっています。この場合には**「バスの運転をすること」**という意味になります。

いずれの場合にも，*-ing*は動詞driveだけについていると考えないで，drive a bus全体を，形容詞や名詞のカタマリにまとめる「まとめ役」であると考えてください。

本問では「この講座で要求される作業の大半」が主語なので，もし，現在進行形と考え「作業の大半が理解している」ではおかしな文になってしまいます。よって，最初の*-ing*は"understand the contents of books"全体を名詞にまとめる働きで，2番目の*-ing*は"be able to explain to other students what the writers want to say"全体を名詞にまとめる働きをしているわけです。つまりいずれも**動名詞**になっているのです。

4. 修飾する・される要素は近い所に置く

explainと，その目的語［what the writers want to say］との間に，to other studentsという副詞句が割り込んでいますが，これはto other studentsが**explainを修飾していることを明確にするため**です。もしexplain what the writers want to say to other studentsとするとto other studentsがsayを修飾すると勘違いされてしまう可能性が高いからです。

▶不定詞

to (*V*) ～ の to は「まとめ役」②

Constructive criticism can be offered 〈in an indirect way〉.
S 助 V M

[*Asking someone* {*who is very close* 〈*to the person* (***to** be criticized*)〉} [***to** speak* 〈*on your behalf*〉]] is a thoughtful act.
S→ V' O' S" V" $M"_1$ C" $M"_2$ C' V C

日本語訳例

建設的な批判は間接的に提供することが可能である。批判を受けることになる人ととても親しい人に，代わりに話をしてくれるように頼むのは思慮深い行為である。

※1　in an indirect wayの訳は「間接的な方法で」でも可です。
※2　the person to be criticizedは「批判されている人」ではなく「これから批判されることになる人」の意味です。
※3　actの訳は「行動」でも可です。

英文分析

本問の内容は，「相手を傷つけるための批判ではなく，相手のためを思ってする批判（＝建設的批判）でも，相手にとって耳の痛い事柄は伝えにくい。そんな場合は，その人とごく親しい人に代わりに言ってもらう方法がある」ということです。

1. 抽象的な文の後ろには具体化した文がある

英語ではまず結論を抽象的に述べて，第2文以降でそれを具体化するという流れが一般的です。ですから，抽象的なよく分からない文を見ても，そこで立ち止まらず，次の文を読むことをお勧めします。

本問の第1文は,「建設的な批判は間接的な方法で提供し得る」という意味です。この文にある「建設的批判」や「間接的な方法」とは実際にどういうことなのか？という疑問が浮かびます。とりあえず，次の文を読みましょう。

2．askの用法の整理

(1) ask＋人＋to *(V)* 「人に～するように頼む」

例 **I asked him to fix the door.** 「彼にドアを直してくれるように頼んだ」

askは*SVOC*の形をとるので，このto fix the doorは通例名詞句の扱いになります。

(2) ask（＋人）＋for～ 「（人に）～をくれるように頼む」

例 **I asked him for advice.** 「彼に相談した（←忠告をくれるように頼んだ）」

(3) ask（＋人）＋if節／疑問詞節 「（人に）～を尋ねる」

例 **I asked him when he was coming back.**

「彼にいつ帰ってくるのか尋ねた」

(4) ask＋人＋a question 「人に質問をする」

例 **The teacher asked me a lot of questions about my family.**

「その先生は私の家族のことについて数多くの質問をした」

本問は，asking someoneの後ろにあるのがto *(V)* なので，**(1)** の用法だと分かります。

次に，askingと結びつくのが，to be criticizedかそれともto speak on your behalfかを判断します。《ask＋人＋to be criticized》だと「人が批判されるように頼む」となってしまい，よく分からない意味になります。そこで《ask＋人＋to speak on your behalf》「人に，代わりに話してくれるように頼む」だと分かります。ここから「人」を表す部分は，someone who is ... to be criticizedだと分かります。

以上から**「……な人に代わりに話をしてもらうよう頼むこと」**というのが，この文の主語の意味だと分かります。

3．《名詞＋to *(V)*》の意味

the person to be criticizedのto be criticizedは，to不定詞の形容詞的用法で，直前のthe personを修飾しています。**to不定詞は未来を示唆する**ので，「これから批判される人」の意味になります。もしthe person being criticizedなら「（今）批判されている人」の意味になります。両者の違いに注意してください。

例外はthe first / last～to *(V)* で，この場合は現実の内容である可能性もあります。

例 **He was the first man to land on the moon.**

「彼は最初に月に降り立った男だ」

▶動名詞
(V)ing 〜 の -ingは「まとめ役」②

Workers (in that factory) should realize quite clearly [that [*wear**ing** protective clothing*] may help [~~to~~ prevent injuries] but will not fully guarantee their safety 〈in all situations〉].

(S: Workers (in that factory) / 助: should / V: realize / M: quite clearly / O→ / 接: that / S': wearing protective clothing / 助'₁: may / V'₁: help / O'₁→ / V": prevent / O": injuries / 接: but / 助'₂: will / M'₂₋₁: not / M'₂₋₂: fully / V'₂: guarantee / O'₂: their safety / M'₂₋₃: in all situations)

日本語訳例

その工場の労働者は，防護服の着用※2はけがを防ぐ※4のに役立つかもしれない※3が，それは，すべての状況において労働者の安全を十分に保証する※5わけではないことを，かなりはっきりと※1認識すべきである。

※1　quite clearlyは「はっきりと」だけでもその意味は出ますが，quiteはきちんと訳出しておくのが無難です。

※2　wearing protective clothingは，wear protective clothing「防護服を身につけている」が動名詞を用いて名詞句にされた形なので「身につけている防護服」などの訳は誤りです。

※3　mayの訳として「〜だろう」は断定がきつすぎるので避けましょう。

※4　prevent 〜 の訳は，「〜を予防する」は可ですが「〜を妨げる」は誤りです。

※5　guarantee their safety in all situationsは「すべての状況における彼らの安全を保証する」が直訳ですが，訳例は，guarantee that they will be safe in all situationsと考えて訳しています。

英文分析

全体の構造はWorkers in that factoryが主語で，realize 〜「〜を理解する」が中心の動詞です。そしてrealizeの目的語がthat節で表されています。

1. shouldの意味は助言か推量

shouldは通例は，助言として「〜した方がよい」という意味になります。ところが

「(現在時の推量を示し) ～のはずだ」という意味になることがあります。

例 **Ann should be in Kyoto by now.** 「今頃アンは京都にいるはずだ」

特に，should の後に状態動詞が置かれる場合には，推量と考える場合が多いですね。

本問では，文脈上 should を助言として訳すのが自然です。

2. 文頭にある *(V)ing* は3通りの可能性

(V)ing で始まる文は，次の３通りの可能性があります（ただし **(3)** はまれ）。

(1)「動名詞」 例1 **Taking a walk is pleasant.** 「散歩をするのは楽しい」

(2)「分詞構文」 例2 **Taking a walk, I saw some nice trees.**

「私は散歩をして，素敵な木を見つけた」

(3)「進行形の倒置形」 例3 **Taking a walk in the woods was my son.**

「その森で散歩をしていたのは私の息子だった」

本問では，[wearing protective clothing] の後に may help ... と続きます。よって，wearing protective clothing が動名詞句であり，that 節内の主語になっていると分かります。

3. butの前後は同じ形・働きのものが置かれる

本問の but の後の guarantee の主語は Workers in that factory か wearing protective clothing の二つの可能性がありますが，内容から**後者**であると判断します。次のような形になっていることを確認してください。

	may help ...
wearing protective clothing	but
	will not fully guarantee ...

4. clearly は「文修飾の副詞」の可能性も視野に入れる

clearly は，本問では realize を修飾する語修飾語ですが，文全体を修飾する**文修飾語**として使われることもあります。その場合の訳出は，文修飾語であることを明確にするために，文頭で「明らかに……」とするか，文末で「……は明らかだ」とします。

例 **We clearly need to repair this car.**

「この車を修理する必要があるのは明らかだ」

▶動名詞

《前置詞＋名詞＋(V)ing》は二通りの可能性を検証しよう ①

Recently, there have been news reports (***of*** [*supermarkets raising prices steeply* 〈*on some products*〉] and [*many customers searching* 〈*for less expensive brands*〉]).

Recently = M_1, there = M_2, have = 助, been = V, news reports = S, supermarkets = S'_1, raising = V'_1, prices = O'_1, steeply = M'_{1-1}, on some products = M'_{1-2}, and = 接, many customers = S'_2, searching = V'_2, for less expensive brands = M'_2

日本語訳例

最近，スーパーマーケットで一部の商品が(※4)急激に値上げされ(※3)，多くの顧客がより安価な銘柄を探している(※5)という報道(※2)がなされてきた(※1)。

※1　there have been ...「……がなされてきた」のthereは意味をもたない副詞なので，「そこで」と訳すのは誤りです。

※2　news reportsの訳は「ニュース報道」も可です。

※3　raising ...を，supermarketsを修飾する現在分詞句と考えて「……を値上げする（スーパーマーケット)」とするのは誤りです。またraising prices steeply on some productsの直訳は「一部の製品に対して値段を急激に値上げすること」ですが，「値段を値上げする」という日本語は不自然なので，訳から「値段」を削除した方がよいでしょう。

※4　some productsを「いくつかの製品」とすると，数が少ない響きになるので避けてください。

※5　searching ...を，customersを修飾する現在分詞句と考え「……を探す（顧客)」とするのは誤りです。

英文分析

1. andの前後は同じ形・働きのものが置かれる

andの後ろには名詞＋(V)ingがあるので，andの前に**同種のもの**を探します。すると，andの前にも名詞＋(V)ingがあります。次のような構造です。

there have been news reports of
- supermarkets raising ...
- and
- many customers searching ...

なお，このofはnews reportsとof以下の部分が同格の関係にあることを示すofで**「同格関係を示すof」**と呼ばれており，「～という」と訳します。

2.《前置詞＋名詞＋*(V)ing*》の解釈は二通りの可能性を検証

この場合，二通りの可能性があります。

(1) *(V)ing* が，名詞的用法（動名詞）で，直前の名詞がその意味上の主語

この場合，news reports of [supermarkets raising prices steeply on some products]「スーパーマーケットが一部の商品を急激に値上げするという報道」となります。andの後ろも同様に，[many customers searching for less expensive brands]「多くの顧客がより安価な銘柄を探していること」となります。

(2) *(V)ing* が，形容詞的用法（分詞）で，直前の名詞を修飾している

この場合，news reports of supermarkets (raising prices steeply on some products)「一部の商品を急激に値上げするスーパーマーケット（について）の報道」となります。andの後ろも同様に，many customers (searching for less expensive brands)「より安価な銘柄を探している多くの顧客」となります。

本問では文脈から **(1)** が適切です。もし **(2)** だとすると「スーパーマーケットに関する経営状態などの報道」，「顧客の傾向などに関する報道」などの既知のニュースに関わることをさらに掘り下げたような意味になる可能性があり，その場合はofではなくaboutを用います。

3. raiseの用法に注意しよう

(1)「(賃金・料金・数値など) を上げる」

例1 **Bus fares will be raised.** 「バス料金が値上げになる」

(2)「(子どもなど) を育てる」

例2 **Nancy raised six children all by herself.**

「ナンシーは1人で6人の子どもを育てた」

(3)「(資金・基金など) を集める」

例3 **They are trying very hard to raise political funds.**

「彼らは政治資金を集めようと必死に努力している」

(4)「(意識など) を高める」

例4 **We are striving to raise awareness about the environment.**

「私たちは環境についての意識を高める努力をしている」

他にもいろいろな意味で使いますが，本問では **(1)** の用法です。

▶動名詞

《前置詞＋名詞＋(V)ing》は二通りの可能性を検証しよう ②

〈Despite the fact [that Finland has long and brutal winters]〉, there are often news reports (*of* [that nation *having ranked first* 〈*in the world*〉 〈*for the happiness* (*of its people*)〉]).

M_1→ 前　同格　接　S'　V'　O'
M_2　V　M_3　S　S'　助'　V'　M'_1　M'_2　M'_3

日本語訳例

フィンランドには長くて厳しい※2冬があるという事実にもかかわらず※1，その国は※4，国民の幸福度に関して世界1位に※5・※6なったというニュース報道がしばしばなされる※3。

※1　Despite the fact that *S V*のthe factを無視して「S Vにもかかわらず」と訳すのは避けてください。

※2　brutalの訳として「過酷な」は可ですが，「残忍な」「残虐な」「残酷な」は不自然なので避けてください。

※3　there are often ...の訳は「しばしば……がある」「……がよくある」でも可です。

※4　that nationは，動名詞の意味上の主語なので，「その国が［は］」という訳は必要です。日本語では，なくても問題ないようですが，厳密な訳を心がけてください。

※5　first in the world for the happiness of its peopleの訳として「幸福度ランキングが世界一に(なった)」ではof its people「国民の」の訳が抜けています。

※6　its peopleのpeopleは「人々」ではなくて「国民」と訳すのが適切です。ここでは「フィンランド国民」とすることもできます。

英文分析

1. 名詞と名詞の同格関係を示す表現

本問では the fact と that ... winters が**同格の関係**にあります。この that は《後続の文を一つの名詞節にまとめる特殊接続詞》です。despite は前置詞で，後ろには文や that 節を置くことができません。ですから，まず the fact という名詞が置かれているのです。

news reports と that nation ... its people も**同格の関係**にあります。ここでは，そのつなぎとして**「同格関係を示す of」**が置かれています。「～という…」と訳します。

2. 動名詞の意味上の主語は所有格か目的格

Tom lives in the hut.「トムはその小屋で暮らしている」という文を動名詞を用いて名詞化する場合，その動名詞の主語（これを**「動名詞の意味上の主語」**といいます）は，**所有格**あるいは**目的格**を用います。歴史的には所有格でした（名詞の前は普通所有格ですね）が，現在では目的格が主流になっています。

例1 **Would you mind me [my] opening the window?**
「私が窓を開けることをあなたは気にしますか」

例2 **The workers complained about their wages [their wages'（まれ）] being low.**
「その労働者たちは賃金が低いと文句を言った」

例1 は I open the window を，動名詞を用いて名詞化した形です。my [me] が opening の「意味上の主語」になっています。

例2 は their wages were low を，動名詞を用いて名詞化した形です。their wages [their wages'] が being の「意味上の主語」になっています。

本問では，that nation has ranked first in the world for the happiness of its people を動名詞を用いて名詞化した形です。**that nation** が having ranked の意味上の主語になっています。

3.《having＋過去分詞》は中心の動詞より「以前」のこと

例1 **Kate admitted using her sister's bicycle.**

例2 **Kate admitted having used her sister's bicycle.**

例1 も 例2 も「認めた」のは過去のことですが，例1 では，「姉［妹］の自転車を使っている」のは admitted と同時制で過去のことを表します。つまり「認めた」ときに「姉［妹］の自転車を使っている」ことになります。一方，例2 では，「姉［妹］の自転車を使った」のは，admitted より以前のことを表します。

このように，**《having＋過去分詞》**は**「中心の動詞が表す時より前」**であることを示します。ただし，文脈上明らかな場合，例2 の内容を 例1 の形で表すこともあります。

本問では「その国は，国民の幸福度に関して世界１位になった」のがニュース報道より以前のことであることを示しています。

▶分詞構文

文末の分詞構文は主文の具体化・補足

〈At first〉, many young people were reluctant to receive the vaccine,
M₁ / S / 助扱い / V / O

〈*feeling confident* [*that*, 〈*even if they were to become infected* 〈*with the virus*〉〉, *they would not suffer any serious effects*]〉.
M₂ → V' C' 接 接扱い S''' 助扱い V''' C''' M''' S'' 助'' M'' V'' O''

日本語訳例

当初, 多くの若者は, そのワクチンの接種に消極的だった。たとえ仮に自分たちがそのウイルスに感染しても何ら重篤な影響を受けないという確信があったからだ。

※1 At firstは, 後で結果が変わることを示唆する副詞句です。「初めのうちは」「初め」という訳は可能ですが,「初めて」とするのは誤りです。

※2 were reluctant to *(V)* は「〜を嫌がった」でも可です。

※3 the vaccineのtheは,「ある特定のワクチン」であることを示していますが,「その」を省いて訳しても構いません。

※4 feeling confident that *S V*は, 文末に置かれた分詞構文で, 訳例のように分詞構文を後で訳すのが無難ですが, 分詞構文を先に訳して「〜という確信があったため, …に消極的であった」としても可です。feeling confidentの訳は「自信をもって」も可です。

※5 even if they were to *(V)* は, 空想の話をする場合に使われる形なので「たとえ仮に彼らが〜しても」とするのが無難です。

※6 the virusのtheは,「ある特定のウイルス」であることを示していますが,「その」を省いて訳しても構いません。

※7 sufferが他動詞で使われている場合,「(嫌なこと) を経験する」という意味です。

※8 not any 〜 は, 完全否定で「何ら〜ない」「〜がまったくない」という意味です。

英文分析

本問はAt first, many young people ... vaccineまでが一つの完全な文を形成していますから, feeling confident that, ... の部分が余っている状態です。ここが前半とどう関わるのかがポイントです。

1. 文末の分詞構文は主文の具体化・補足

現在分詞 *(V)ing* が文中で副詞の役割を果たしているときは分詞構文と呼ばれています。そして，分詞構文の文中での位置は when / if / because / though / although / as＋*S V* 等と同じで，次の3通りです。

(1) 文頭：*(V')ing* ..., *S V* ....

(2) 主語の直後：*S*, *(V')ing* ..., *V*....

(3) 文末：*S V*, *(V')ing* ....

上記のうち **(3)** は主文の具体化・補足説明の役割が主な働きです。**「S V で (V')」「S V なぜなら (V')」**のように，主文に軽く添える程度の意味です。

なお，*S V*, thinking / hoping / believing / considering that *S' V'* などの場合は，「S' V' と考えて／望んで／信じて／考慮に入れて S V」というように (V') から訳すことも可能です。

本問の feeling confident ... は文末の分詞構文ですから，主文（コンマの前まで）の具体化・補足説明の役割と考えます。

2.《that,〈副詞（句・節）〉, *S V*》の形は修飾関係の明確化

S V that *S' V'*. という形の that 節内に副詞（句・節）を追加する場合，その副詞（句・節）が ***S' V'* を修飾していることを明確にするため**，that の直後に置かれることがあります（英文㉛参照）。コンマは打たれないこともありますが，副詞（句・節）の挿入を明示するために，**(1) 副詞（句・節）の両側**，**(2) 副詞（句・節）の右側**にコンマが打たれることもあります。いずれにしても訳には影響を与えません。

本問では，even if they were to become infected with the virus が挿入された副詞節です。

3. 仮定法過去の形の確認

話し手が，**「実現不可能」**あるいは**「実現可能性が薄い」**と感じた場合には，仮定法が使われます。現在や未来のことについて述べる場合には**《(even) if＋*S'*＋過去形の動詞, *S*＋would / could / might＋*V*》**という形の**「仮定法過去」**が使われます。if 節内の動詞を過去形にすることから，そのように命名されています。また，if 節内に be 動詞を用いる場合には，主語の人称によらず were を用いるのが通例です（口語では，I や3人称単数が主語のときは was も使われます）。

本問では that 節内が仮定法過去形で書かれています。

▶分詞構文

過去分詞で始まれば受動態の分詞構文を考えよう

〈***Built*** 〈*more than four thousand years ago*〉〉, the pyramids still remain nearly perfect.

(Built 〈more than four thousand years ago〉 = M_1, the pyramids = S, still = M_2, remain = V, nearly perfect = C)

日本語訳例

それらのピラミッドは(※2)4千年以上前に建造されたが(※1), いまだにほぼ完璧(かんぺき)な姿(※4)をとどめている(※3)。

※1　「……に建てられたピラミッド」とするのは間違いです。
※2　まずは主語「それらのピラミッド」から訳してください。「……に建てられたが, それらのピラミッド」というのは避けてください。
※3　このremainはnearly perfectという補語をとっているので「〜のままである」とします。「残る」という訳は第1文型（S V）のときの訳なので不適切です。
※4　perfectは「完璧な」であって「完壁な」ではありません。

英文分析

1. 過去分詞で始まれば受動態の分詞構文を考えよう

分詞構文において, **《being＋形容詞》**, **《being＋名詞》**や, **《being＋過去分詞》**の受動態の形になる場合, being は普通省かれます。

過去分詞 *(V) p.p.* の場合の分詞構文も *(V) ing* の場合とまったく同じように考えればOKです。文中での位置は次の3通りです。

(1) 文頭：*(V') p.p. ..., S V ....*
(2) 主語の直後：*S, (V') p.p. ..., V ....*
(3) 文末：*S V, (V') p.p. ....*

では具体例で考えてみましょう。

例1 **〈Seen from here〉, our house looks like a castle.**

「私たちの家は，ここから見ると，まるで城のようだ」

Seen from here は *Our house* is seen from here. の Our house is が省略された形です。この部分を，our house を修飾すると考えて「ここから見える私たちの家」とするのは間違いです。なお, **Our house, seen from here, looks like a castle.** の場合も **例1** と同様の意味です。

例2 **The house (seen from here) looks like a castle.**

「ここから見える家は城のようだ」

このように，主語の直後にコンマを打たないで置かれている過去分詞は，形容詞の扱いで名詞を修飾すると考えて OK です。

本問では, Built ... が主節の前に置かれていますから，もちろん分詞構文で主節全体を修飾しています。Built ... が，形容詞句として the pyramids を修飾すると考えて「4千年以上前に建造されたピラミッド」と読むのは間違いです。

2. 名詞の単数形か複数形かには十分な注意を

英語では**冠詞**と**数**に注意を払いましょう。本問を「4千年以上前に建造されたが，ピラミッドはいまだにほぼ完璧な姿をとどめている」とする人がいますが，これでは「すべてのピラミッド」と思われてしまいかねません。《the＋名詞の単数形》は総称の意味をもちますが，本問ではピラミッドが**複数形**で，かつ **the** がついていますから，ある特定のピラミッド群のことを述べていると考えられます。ですからあえて**「それらの」**としておいた方がよいでしょう。

3. remain の意味は補語の有無で変わる

(1) *S V C*「～のままである」

例1 **Tom remained quiet.**

「トムはずっとおとなしかった」

※ quiet「おとなしい」は形容詞で，文の補語。

(2) *S V*「残る」

例2 **In that village only two families remained.**

「その村には2家族しか残っていなかった」

本問では nearly perfect という《副詞＋形容詞》の補語があるので **(1)** の意味です。よって「残る」という訳は不適切です。

▶分詞構文

主語の直後の分詞構文は「両側にコンマ」が目印

Most people (S), 〈*not know**ing** Switzerland* 〈*at first hand*〉〉 (M_1), often (M_2) imagine (V) it (O) as a country (C) {where (M'_1) people (S') are (V') devoted (C') 〈to dairy-farming, mountaineering, [and] (接) watch-making〉 (M'_2) }.

日本語訳例

たいていの人は（※1），スイスを直接知らなくて（※2・※3），スイスは人々が（※4）酪農や登山や時計作りに精を出している（※5）国だと想像していることが多い。

※1　Most peopleの訳として「大半の人々」は可ですが「多くの人々」は誤りです。
※2　「スイスを直接知らない大半の人々」とするのは，not knowing Switzerland at first handが分詞構文であることが分かっていない訳で誤りです。
※3　not knowing ～ を「～を分かっていないが」と訳すのは不自然です。
※4　where peopleの訳を「スイスの人々は」とするのは完全な間違いです。
※5　are devoted to ～ の訳は「～に没頭している」「～に専念している」なども可です。

英文分析

1. 主語の直後の分詞構文は「両側にコンマ」が目印

コンマの有無が大きなポイントです。

(1) *S, (V)ing ..., V ....*　〔*(V)ing* は副詞（＝分詞構文）〕

例1 **Big planes, 〈carrying a lot of people〉, fly at great speed.**
「大型の飛行機は，大勢の人を運び，高速で飛ぶ」

(2) *S (V)ing ... V ....*　〔*(V)ing* は形容詞（＝分詞）〕

例2 **Big planes (carrying a lot of people) fly at great speed.**
「大勢の人々を運ぶ大型の飛行機は高速で飛ぶ」

主語の直後の *(V)ing* ... の両側にコンマが打たれた場合には，その *(V)ing* は副詞の扱い（＝分詞構文）になります。ですから，**(1)** の carrying a lot of people を Big planes を修飾するように「大勢の人々を運ぶ大型の飛行機は……」とするのは間違いです。逆に，**(2)** のように *(V)ing* の両側にコンマがない場合には，その *(V)ing* は形容詞の働きで主語を修飾しています。

本問では，not knowing Switzerland at first hand の**両側**にコンマが打たれていますから，主語の Most people を修飾するように「スイスを直接知らない大半の人々」としてはいけません。**「大半の人々は，スイスを直接知らなくて」**とします。

なお分詞構文の否定は，本問のように分詞の直前に not を置きます。

2．分詞構文の訳について

分詞構文は，接続詞を伴わないため意味が曖昧（あいまい）になります。筆者は接続詞を用いて意味を明確にする必要を感じていないから，分詞構文を用いているのです。ですから分詞構文（＝**接続が曖昧な文**）を接続詞を用いて書き換えた文（＝**接続が明確な文**）にすることは，しばしば困難です。よって，明確な接続詞を補おうとするのではなく，日本語として不自然にならないように適宜つなぎ語を入れて訳してください。

例 **Coming home, I turned on the TV.**

「家に帰って，テレビをつけた」

例えば上の文で「家に帰ったとき・帰ったので」と意味を限定するのは困難です。分詞構文の持ち味を生かして「さらっと」訳すことをお勧めします。

3．《名詞＋コンマなし＋関係副詞～》の関係副詞は訳に出てこない

a country *where S V* の where は**関係副詞**と呼ばれています。関係代名詞は代名詞であり，後続の文に「名詞の欠落」がありましたが，関係副詞は副詞なので，後続の文は一つの完全な文となっています。関係副詞 where は先行詞（a country）を指す副詞なので，本問を前から読むと **a country「国」＋ where「そこで」＋ *S V*** となります。日本語に訳す場合，通例，関係副詞節から訳し，**「S V な国」**とし，where の訳は出てさません。

例 **The reason *why* he said it is not clear.**

「彼がそれを言った理由は，はっきりしない」

講義音声22

52/92

52 ▶分詞構文
形容詞で始まる分詞構文に慣れよう

The idea (of [girls attending school]) met strong opposition (from adults) 〈in the village, {where parents, 〈~~being~~ ***unaware*** ~~of it~~ [*that urban societies encouraged girls' education*]〉 and 〈*barely manag**ing** to survive*〉, depended 〈on their daughters to work〉 }〉.

(S: The idea of girls attending school / V: met / O: strong opposition / M: from adults in the village / M'1: where / S': parents / M'2: being unaware of it that urban societies encouraged girls' education / 接: and / M'3: barely managing to survive / V': depended / M'4: on their daughters to work)

日本語訳例

女子の就学についての考え[※1]に対してその村では大人が[※3]激しく反対した[※2]。なぜなら，その村では，親たち[※4]は都市部では女子教育が奨励されていると知らなかったし，また生きていくのが精一杯だったので[※5]，娘を働き手として頼りにしていたのである。

※1 The idea of girls attending schoolのgirlsはattending schoolという動名詞句の意味上の主語です。よって，attending schoolを形容詞句ととって「学校に通う女子」とするのは誤りです。「女子が学校に通うという考え」「女子が学校に行くという考え」でも可です。また「女子」は「女の子」「少女たち」でも可です。

※2 met strong oppositionの訳は「強い［激しい］反対にあった」「強く［激しく］反対された」などでも可です。

※3 adults in the villageのin the villageを形容詞句と考え「その村の大人」と訳すことも可能です。

※4 whereは副詞「そこでは」の意味なので，where parentsを「そこの親は」と訳すのは間違いです。

※5 barely managing to surviveは「かろうじて生計を立てていたので」でも可です。

＊ 分詞の省略を補って記してあります。

英文分析

1. *S V*, where *S' V'*は「S VそしてそこでS' V'」と考えよう

《, (コンマ)＋where》は，直前のものを指して「そこでは」と**追加的に説明**をするときに用いられます。

例 **We came to Kyoto, where we stayed the night.**

「私たちは京都にやってきた。そしてそこで一晩過ごした」

《名詞＋コンマなし＋関係副詞～》の関係副詞は普通訳しませんが，このように《コンマ＋関係副詞》の場合は関係副詞を訳します。本問では，「その村では」とします。

2. 分詞構文におけるbeingの省略について

分詞構文において，**《being＋形容詞》**，**《being＋名詞》**や，英文㊿のような**《being＋過去分詞》**の受動態の形になる場合，**being は普通省かれます。**

例 **〈A bright child〉, Daisy attracted attention for her exceptional drawing skills.**

「デイジーは聡明(そうめい)な子で，その抜きんでた絵の腕前で注目を集めた」

この例のように，突然，名詞で始まり *S V* が続くと「なんか変」と思ってしまいますが，これは a bright child が本来は *She was* a bright child を分詞構文にした形，つまり *being* a bright child の形から being が省略された形なのです。

本問では，unaware that *S V* の部分がこれに相当します。なおこの部分を parents を修飾する形容詞と考えるのはダメです。両側をコンマで挟まれた形で挿入されていますからその可能性はありません。これは学習済みですね。(英文(51)参照)

3. andの前後は同じ形・働きのものが置かれる

unaware that ... が分詞構文ですから，and で並列しているのは**分詞構文と分詞構文**，つまり unaware that ... と managing ... だと分かります。見た目の形は異なりますが，共に分詞構文という点では同じですね。下のようになっていることが分かればOKです。

	~~being~~ unaware that *S' V'*	
parents,	and	, depended on ...
	barely managing ...	

▶分詞構文

副詞句の名詞＋(V)ingは独立分詞構文の可能性 ①

The earthquake {that struck early yesterday morning} was strong, 〈*its tremors being felt* 〈*hundreds of kilometers away*〉〉.

(The earthquake = S, that = S', struck = V', early = M'_1, yesterday morning = M'_2, was = V, strong = C; M→ its tremors = S', being felt = V', hundreds of kilometers away = M')

日本語訳例

昨日の早朝に(※3) 起きた(※2) 地震(※1)は強く，その揺れは何百キロメートルも(※5)離れた所でも感じられた(※4)。

※1　The earthquakeのtheは，earthquakeに後続の関係代名詞節による説明が加わり，その説明によって一つに特定されている，ということを示します。よって「その」と訳すのは間違いです。

※2　struckは「(地震などが) 起きた」の意味ですが，「襲った」でも可です。

※3　early yesterday morningの訳は「昨日の朝早く」でも可です。

※4　being feltは受動態の分詞構文なので「感じられた」とするのが適切です。「その振動は〜感じた」は不自然です。またfeltを無視した「伝わった」「及んだ」の類いの訳は避けてください。

※5　hundreds of kilometersを，a hundred kilometersと勘違いして「100キロメートル」としないように気をつけてください。

英文分析

strongまでが一つの完全な文で，その後に置かれているits tremors ... が分詞構文になっています。

1. 《名詞＋(V)ing》が副詞句となっている場合は独立分詞構文の可能性が高い

日本語では，主語の省略は日常的に行われますが，英語では主語は普通省かれません。例えば，日本語では「彼女の髪型を見たとき，吹き出しそうになってしまった」と主語のない文でも平気ですが，これを英語で × When saw her hairstyle, almost laughed out loud. とは絶対に言えません。正しくは **When *I* saw her hairstyle, *I* almost laughed out loud.** です。

分詞構文では主語が省略されますが，これは，英語では極めて珍しい現象なのです。ただし**「省略される主語が，主文（＝中心となる文）の主語に一致している」**という条件があります。

例1 **〈Hearing the news〉, she ran out of the room.**

「その知らせを聞いて，彼女は部屋から飛び出した」

この例では，hearing the news が分詞構文になりますが，主文の主語は she ですから，省略された分詞構文の主語も she ということになります。つまり「その知らせを聞いた」のは「彼女」だということです。

もし**分詞構文の主語が主文の主語とは異なる場合**にはそれを明示します。

例2 **〈*It* being sunny〉, we went on a picnic.**

「いい天気だったので，私たちはピクニックに出かけた」

It being sunny という形は，初めて見るときは奇妙な印象を受けますが，元は It was sunny. という文です。was を being にして分詞構文をつくるとき，It が主文の主語（we）と異なるので，そのまま残った形です。このように主語が追加された分詞構文を**独立分詞構文**といいます。

本問では，its tremors ... away までが独立分詞構文です。元の文は Its tremors were felt hundreds of kilometers away. です。

なお，文末の分詞構文は**「主文の具体化・補足説明」**の働きでしたね。ここでも，分詞構文は，前半の「昨日の早朝に起きた地震は強かった」の「強さ」の部分を具体的に説明しています。

2.《数字＋away》について

《数字＋away（＋from ～）》は，**形容詞句**か**副詞句**をつくります。

例1 **We live in the village *ten kilometers away from the station.***

「私たちは駅から 10 キロメートル離れた村に住んでいる」

例2 **The convenience store is *three miles away from our house.***

「そのコンビニエンスストアは私たちの家から 3 マイル離れたところにある」

例1 では，ten kilometers away from the station は the village を修飾する形容詞句です。例2 は，three miles away from our house は is を修飾する副詞句です。

《数字＋away》に from ～ がつく場合，**away が省かれる**こともあります。

本問では hundreds of kilometers away が副詞句をつくり，being felt を修飾しています。

▶分詞構文

副詞句の名詞＋(V)ingは独立分詞構文の可能性 ②

Scientific progress (S) is made (V) 〈step by step (M1)〉, 〈*each new point* (M2→) {*that* (S') *is reached*} *form**ing*** (V') *a basis (for further advances)* (O')〉.

日本語訳例

科学の進歩※1は段階を踏んでなされ，一つ一つの新たな段階が達成される※2たびにさらなる進歩のための基盤が築かれる※3。

※1　Scientific progressを「科学的進歩」とするのは避けましょう。
※2　each new point that is reachedの直訳は「到達される一つ一つの新たな段階が」です。pointの訳として「点（ポイント）」は不適切です。
※3　forming a basisの訳に「基礎が築かれる」「基礎が構築される」は可ですが，「基礎がつくられる」は不適切です。

英文分析

1. 動詞の名詞形を見たら元の動詞に戻してみよう

makeの目的語として，動詞の名詞形が置かれる場合があります。そんな場合，makeを「～をつくる」とするとおかしな日本語になってしまいます。ほとんどの場合，動詞の名詞形を元の動詞に戻せばOKです。例えばmake a choiceは「選択をつくる」ではなく**「選択する」**と訳せばよいということです。例を挙げておきます。

例1 **make a choice of ～**「～を選ぶ」　例2 **make use of ～**「～を利用する」
例3 **make an excuse**「言い訳をする」　例4 **make a mistake**「間違いを犯す」
例5 **make a decision**「決定する」　例6 **make a call**「電話をする」
例7 **make a turn**「曲がる」　例8 **make a reservation**「予約する」

本問はmake scientific progress「科学の進歩をなす」の受動態の形です。よって，「科学の進歩がなされる」と訳します。ここを「科学の進歩がつくられる」と訳すのは不自然です。

2.《名詞＋(V)*ing*》が副詞句となっている場合は独立分詞構文の可能性が高い

本問は Scientific progress is made step by step「科学の進歩は一歩ずつなされる」で一つの完成された文です。ですから，後ろの each new point ... advances は副詞節です。まず，that の後ろの is は**主語が欠落している**ので，この that は**関係代名詞**だと分かります。that is reached でカタマリを形成し，each new point を説明しています。

次に，もし forming a basis for further advances が形容詞をつくっていて each new point を修飾すると仮定すると，「達成される，さらなる進歩のための基礎を形成する一つ一つの新たな段階」で，一つの大きな名詞となります。しかし，完全な文の後ろに名詞が単独で置かれることは普通ありません。

よって，each 以下は**独立分詞構文**（＝主文の主語と異なる主語をもつ分詞構文）で，each new point that is reached は forming の**意味上の主語**を示していると解釈します。元の文は each new point that is reached$_S$ forms$_V$ a basis ...$_O$「到達される一つ一つの新たな段階が……基礎を形成する」です。

文末に置かれた分詞構文は，主文の具体化・補足説明です。そのことを念頭において，文頭より前から後ろへと読めばよいわけです。

3.《each＋単数形の名詞》の意味

《each＋単数形の名詞》，《every＋単数形の名詞》は，いずれも「各々の～」という意味ですが，every は「すべて一緒に」の感じのある形容詞で，each は「一人一人別個に」の感じがあります。

例 **Nancy gave a hug to each student.**

「ナンシーは生徒一人一人を抱きしめた」

本問の each new point that is reached forming a basis for further advances を直訳すると，「達成される一つ一つの新たな段階が，さらなる進歩のための基礎を形成する」となりますが，これでは日本語がぎこちないですね。自然な日本語にするために，**「一つ　つの新たな段階が達成されるたびに，さらなる進歩のための基礎が形成される」**とします。英語は能動態ですが，日本語では受動態になっています。このような変換は可です。

例 **My doctor told me to lose weight.**

「医者からやせるようにと言われた」

▶分詞構文

副詞句の名詞＋(V)ingは独立分詞構文の可能性 ③

There has been an increasing effort (to find new ways (of dealing ⟨with this disease⟩)), ⟨*the conventional treatment havi**ng** become less and less effective* ⟨*over the last ten years*⟩⟩.

(M_1: There / 助: has / V: been / S: an increasing effort / V': find / O': new ways … disease / M_2→: the conventional treatment … years / S': the conventional treatment / 助': having / V': become / C': less and less effective / M': over the last ten years)

日本語訳例

この病気に対処する新しい方法を見つけるための努力はますますなされている。[※1] というのもこの病気に対する従来の治療法[※2]はここ10年で効果がますます薄れてきた[※3]からだ。

※1　There has been an increasing effortの訳は，「増加しつつある努力がある」が直訳ですが，自然な訳として「ますます努力がなされている」とします。

※2　the conventional treatmentのtheは「その病気に対する」ということを示していますが，訳さなくても可です。

※3　having become less and less effectiveの訳は「より効果が下がってきた」でも可です。

英文分析

1.《there＋be動詞＋主語》の形ではthereは意味を持たない副詞

例1 △ **A dog is in the room.** 「ある犬がその部屋にいる」

例2 ○ **The dog is in the room.** 「その犬がその部屋にいる」

例3 ○ **There is a dog in the room.** 「ある犬がその部屋にいる」

例4 × **There is the dog in the room.** 「その犬がその部屋にいる」

「不特定のもの［人］がどこかに存在する」という文では，例1 のような形はあまり使わず 例3 の形にします。このthereは副詞ですが，意味をもちません（一般的に使われる go there「そこに行く」などの there は「そこに［へ・で］」などの意味をもちます）。

また，**「ある特定のものがどこかに存在する」**という文は 例2 の形が可能ですが，例4 のような形では普通使いません。

本問では There has been an increasing effort to *(V)* ... となっているので「今まで〜するますます多くの努力がある」が直訳となります。ただし，このままでは日本語が不自然なので「今まで，〜するための努力がますます行われている」などと訳せばいいでしょう。

2.《名詞＋*(V)ing*》が副詞句となっている場合は独立分詞構文の可能性が高い

本問は，There has been ... disease までで一つの完全な文です。ところが，その後ろに the conventional treatment having become ... years があります。この *(V)ing* の働きを考えてみます。

名詞句をつくるまとめ役〔動名詞〕とすると「従来の治療法が……になったこと」となりますが，これでは前文とつながりません。形容詞句をつくるまとめ役〔分詞〕で，having 以下が the conventional treatment を修飾すると考えると，「……になった従来の治療法」となりますが，これも前文とつながりません。結局，副詞句をつくると考えるしかありません。*(V)ing* の副詞的用法とは分詞構文のことです。分詞構文 having become ... years の前の the conventional treatment はこの分詞構文の主語です。**主文の主語と主語が異なる「独立分詞構文」**といわれるものです。

さらに，この分詞構文は**文末**にありますから**「主文の具体化・補足説明」**の働きです。ここでは，前半の「この病気に対処する新しい方法を見つけるための努力はますますなされている」の補足理由として，「この病気に対する従来の治療法はここ 10 年でますます効果が薄れてきたからだ」と述べられていると考えるのが自然ですね。

3.《完了形＋over＋期間を示す表現》について

例1 **I have lived here *for ten years.***
「私はここに 10 年間住んでいます」

例2 **This town has changed greatly *over the last ten years.***
「この街はここ 10 年で大きく変わった」

例1 のように完了の文の中に live「住んでいる」という状態動詞が使われており，その継続の期間を示す場合には for が用いられるのが通例です。一方，例2 のように change という動作動詞が使われており，**その動作が完了するのに要した時間**を示す場合には，for ではなく over [in] を用います。

よって，本問は become が動作動詞なので**《over＋期間》**が用いられています。

▶挿入
ダッシュ(—)による副詞の挿入

Recent studies (S) have (助) made (V) it (O) clear (C) [that (接) —
〈***contrary to popular belief***〉(M'₁) — young boys (S') are (V'), 〈on average〉(M'₂),
just (M'₃) as sensitive (C') 〈about their looks〉(M'₄) 〈as (M'₅→接) young girls (S'') are (V'')〉].

日本語訳例

最近の研究で，一般に信じられているのとは異なり，幼い男の子は平均して幼い女の子とまったく同様に自分の外見に敏感であることが明らかになった。

※1 Recent studies have made it clear that *S V*.の訳は「最近の研究［調査］は，S Vを明らかにした」でも可です。itはthat節を指す形式上の目的語なので訳してはいけません。
※2 popular beliefの訳として，「人気のある信念」「大衆信念」などでは不自然です。
※3 sensitiveの訳は「気にする」でも可です。
※4 looksは「見た目」でも可です。
※5 that節内はas ～ as構文で書かれています。最初のasが副詞で，2番目のasが接続詞です。2番目のasの後の元の文はyoung girls are sensitive about their looksですが，1番目のasの後に置かれた要素と共通要素であるsensitive about their looksが省かれています。justがついていることにも注意して「幼い女の子とまったく同じように自分の外見に敏感である」と訳します。

英文分析

1. contrary to ～「～とは逆に」について

contrary to ～の「～」には世間の常識や誰かの発言などがきます。

例1 **Contrary to popular belief, this mountain is difficult to climb.**
「一般に信じられていることとは逆に，この山を登るのは大変だ」

この例文におけるpopular beliefとは，「この山を登るのは簡単だ」ということです。一般にContrary to ～, *S V*. では，「～」の内容は「S Vでは**ない**」ことを示します。本問での popular belief の内容は，young boys are, on average, just as sensitive about their looks as young girls are を打ち消したものですから，young boys are, on average, not just as sensitive about their looks as young girls are となります。つまり，「一般には幼い男の子は，幼い女の子ほど外見を気にしない」です。

contrary は他にも on the contrary「それどころか」が重要ですので，ついでに覚えておいてください。

例2 **Jim is not a fool. On the contrary, he is a genius.**
「ジムはばかではない。それどころか天才だよ」

2. ダッシュ (—) について

英語には「横棒」が 2 種類あります。

(1) 短めの方は**「ハイフン（hyphen)」**と呼ばれ，次の働きをします。

(a) **複合語をつくる**

例1 **a newly-built house** 「新築の家」

(b) **行末で単語が書き切れないときに，音節で区切って次の行に移す**

例2 **All the students who will take this course are expected to have a profi-cient knowledge of French.**
「この講座を受講する学生は皆フランス語を使いこなせなければならない」

(2) 長めの方は**「ダッシュ (dash)」**と呼ばれ，実質的にはコンマ（comma）と同じ働きをします。ですから，ダッシュを見たらコンマに置き換えてください。

例3 **Jim gave me his answer — No!**
「ジムは私に彼の答えを伝えた—『いやだ！』」

本問のダッシュをコンマで置き換えると，本問は Recent studies have made it clear that, contrary to popular belief, young boys are, on average, just as sensitive about their looks as young girls are. と同じですが, contrary to ... が挿入句であることを際だたせるためにダッシュが使われていると考えればよいでしょう。

3. 接続詞thatの直後の副詞 (句・節) の挿入

Recent studies have made it clear that の that は《後続の文を一つの名詞節にまとめる特殊接続詞》で，その直後に副詞句の contrary to ... が挿入されています。つまり，この文は ***S V O C* that 〈副詞句〉 *S' V'* ....** となっています。この本では既(すで)に何度も述べていますが，副詞句の contrary to ... がこの位置にあるのは，後続の young boys are, on average, ... are を修飾していることを明確にするためです（英文㉛参照)。

▶接続詞ほか

セミコロン(;)の働き

講義音声25

57 / 95

[Women wearing trousers] used to be an unusual sight; now it is completely normal.

S_1→ [Women (S') wearing (V') trousers (O')] used to (助$_1$) be (V_1) an unusual sight (C_1); now (M_{2-1}) it (S_2) is (V_2) completely (M_{2-2}) normal (C_2).

日本語訳例

女性がズボンを履いているの[※1]は，かつては珍しい[※2]光景であったが，今ではごく普通のこと[※3]だ。

※1　Women wearing trousersの訳として「ズボンを履いている女性」は不適切です。

※2　unusualの訳は「あまりない」「めったにない」などでも可です。

※3　completely normalの訳として「完全に普通の」はやや不自然です。「完全に正常な」も不自然です。

英文分析

1. (;) セミコロンについて

semi- は「半」の意味です。例えば a semicircle は「半円」，a semiconductor は「半導体」です。ですから「セミコロン（semicolon)」は「半コロン」ということです。実際には,「セミコロン」の方が「コロン」より用途は多く「半コロン」と呼ばれるのはいささか可哀想（かわいそう）な気もします。以下がセミコロンの代表的な用法です。

(1) 切れ目を明確に示す

複数の and が登場して文がややこしいとき,「コンマより大きな切れ目」にセミコロンを置くことで文を分かりやすくするために用います。次の 例1 ではセミコロンの直後の and が, 文と文をつなぐ and であることを明確に示しています。これがないと，最初の and のあたりから文がごちゃごちゃしてしまいますが，セミコロンのおかげでスッキリするわけです。またこの場合，セミコロンを訳すことはありません。

例1 **Science is empirical, rational, general, and cumulative; and it is all four at once.** 「科学は，経験的で，合理的で，普遍的で，累積的なものであり，この四つを同時に併せもったものである」

(2) 対比を示す

$S_1\ V_1;\ S_2\ V_2.$ の形で用います。特徴的なのは $S_1\ V_1$ と $S_2\ V_2$ が形からも対比であることが明らかに分かるように書かれていることです。セミコロンの後に and などの接続詞がないことにも注意してください。セミコロンを訳す必要はありませんが，「一方」とした方が，意味が鮮明になる場合が多いと思います。

例2 **Speech is silver; silence is golden.** 「雄弁は銀，（一方）沈黙は金」

(3)《セミコロン＋副詞》で接続詞の代わりとして使う

接続詞を使う煩雑を回避するために，《セミコロン＋therefore》「それ故」，《セミコロン＋on the other hand》「一方」，《セミコロン＋however》「しかしながら」などの形で用いることがあります。

例3 **I think; therefore I am.** 「我思う，故に我あり」

本問では，セミコロンの前後の文が対比されているので，**(2)** の用法だと分かります。なお，コロン（：）は，主に具体化の役割で用いられます。（英文㊸参照）

例4 **There are three reasons for the success of *Roman Holiday*: the story, the location, and the casting.**

「『ローマの休日』が成功した理由は三つある，物語そのものとその場所，そして配役だ」

2.《名詞＋(*V*)*ing*》の解釈は二通りの可能性を検証

本問では，Women wearing trousers の部分が問題となります。

wearing trousers を

(1) **動名詞**とすると**「女性がズボンを履いていること」**となり，

(2) **現在分詞**とすると**「ズボンを履いている女性」**となります。

(1) なら単数形の扱いで，(2) なら複数形の扱いです。よって，この後ろに be 動詞がある場合には，is なら (1) で，are なら (2) だと判断できます。しかし，この文では be 動詞ではなく助動詞が置かれているので，この判断の基準は使えません。補語に目を向けると**「珍しい光景」**とあります。「女性」＝「光景」と考えるのは不自然なので (1) の方が適切であると判断できます。

次の例は，wearing trousers が現在分詞です。

例 **Women wearing trousers at work are changing fashion trends in the business world.** 「職場でズボンを履いている女性たちが，ビジネスの世界の服装の流行を変えつつある」

▶倒置

《場所を示す副詞》＋VSの倒置

We (S) saw (V) a tall mountain (O) 〈in front of us〉 (M). 〈***On the side*** (***of the mountain***)〉 (M) ***grew*** (V) ***a forest*** (***of pine trees***) (S).

日本語訳例

私たちの目の前に高い山が見えた。その山(※2)の斜面に茂っていたのは(※3), 松林(※4) であった。(※1)

※1　倒置形はできるだけ原文の語順で訳します。よって,「松林がその山の斜面に茂っていた」という訳は避けてください。
※2　読み手も既(すで)に知っている「山」だから, theがついています。よって, the mountainは「その山」と訳します。
※3　grewの訳語に「育っていた」は不自然です。
※4　a forest of pine treesを「松の森」とするのは不自然です。

英文分析

2文目でかなり多い読み間違いが前置詞onを無視してgrewの前までが主語, 後ろのa forestが目的語ととる読み方だと思います。動詞からその前後の役割を判断していくのはとても大切なのですが, 語順は必ずしも「主語→動詞→（目的語）……」になっているとは限らないので注意が必要です。

1. 前置詞のついた名詞は主語にはならない

Morning has come!「朝が来た！」の主語は当然Morningです。一方, **In the morning, we left home.**「午前中に私たちは家を出た」では, 主語はthe morningではなくweです。つまり, morningという名詞は普通, 文頭にあれば主語になることが可能ですが, 前置詞inがついた場合には「午前中に [の]」という副詞句・形容詞句をつくるわけです。これはinだけに当てはまるのではありません。一般に,**《前置詞＋名詞》**

は修飾語をつくり，主語や目的語といった**文の主要素にはなりません**。主な「場所を示す前置詞」を挙げておきます。せめて「あっ！前置詞だ」と分かるようにしてください。

(1) at 〜「(地点)〜で」，**(2) in 〜**「(広い場所など)〜の中で」，
(3) on 〜「(面)〜に接して」，**(4) above 〜**「〜の上方に」，**(5) below 〜**「〜の下方に」，
(6) over 〜「〜の真上に」，**(7) under 〜**「〜の真下に」，**(8) along 〜**「〜に沿って」

では，本問の主語を考えてみましょう。「the side!」と言ってはだめですよ。the side には **on** がついていますね。the mountain もだめですね，**of** がついています。grew は動詞ですから，主語にはなりません。結局，a forest だと分かります。ではなぜ，主語と動詞の順が逆転しているのでしょうか。

2. 既に述べた《場所を示す副詞》＋*V S*

次の日本語の会話を見てください。

A：「あの箱を見てごらん」

B：「うん，箱の中には何が入っているの？」

このように，既に述べた情報は，しばしば文頭に置かれます。もしBの発言を「うん，何が入っているの，箱の中には？」とすると，少し違和感があると思います。これは英語にも当てはまります。つまり，一般に，**「既に述べられた情報（＝旧情報）」**→**「まだ触れられていない新たな情報（＝新情報）」**という順序が自然な流れになるのです。

本問では On the side of the mountain の，the mountain の the「その」に注目してください。これは，この mountain が既に述べた情報か，読者が既に知っている情報（＝旧情報）であることを示しています。そして，この後に，読者の知らない情報（＝新情報）である grew a forest of pine trees が置かれているのです。*S V*＋《場所を示す副詞》の形で，《場所を示す副詞》が既に述べられた情報（＝旧情報）のときは，その部分を文頭に置くと，後ろが ***V*＋*S* の倒置形**になります。

次の例を見てください。

例1 Generally, oranges grow best *in hot countries*.
「一般に，オレンジは暑い国で一番よく育つ」

この例の in hot countries は旧情報ではありません。よって Generally, in hot countries grow oranges. のような倒置形にはしません。

例2 I visited California. *In the state* grew oranges.
「私はカリフォルニアを訪れた。その州ではオレンジが育っていた」

この例の In the state「その州では」は旧情報なので，倒置にすることが可能です。

▶倒置

文頭の否定的副詞(句・節)は倒置の合図

Global warming has been known about 〈for a very long time〉,
S_1 助 V_1 M_1

but 〈***only recently***〉 ***have its true dangers begun***
接 M_2 助$_2$ S_2 V_2

[to be understood 〈by the general public〉].
O_2

日本語訳例

地球温暖化は，かなり前から知られているが[※1]，その本当の危険[※3]が一般大衆[※4]に理解されるようになったのはつい最近のこと[※2]である。

※1　has been known about for a very long timeを「とても長い間知られてきた」「非常に長い間知られてきた」などと訳すのは不自然です。
※2　only recentlyの訳は「最近になって初めて」「最近ようやく」でも可です。
※3　its true dangersの訳を「その本当の恐ろしさ」とするのは避けてください。
※4　the general publicは「一般の人々」でも可です。

英文分析

butの前のコンマの前までに一つの文があり，butの後にもう一つの文があります。**but以降は，前半と対立する内容がくる**ことが予測できます。後半の文は，特殊な語順になっています。その構造の理解がポイントになります。

1.《状態を示す表現＋for＋期間を示す名詞（句）》の訳出

例1 **My grandfather has been dead for over twenty years.**
「私の祖父が亡くなって20年以上になる」

例2 **I have known him for more than ten years.**
「彼と知り合って10年以上になる」

例1 の直訳は「私の祖父は20年以上死んだ状態である」, **例2** の直訳は「私は彼を10年以上知っている」となりますが，いずれも日本語として不自然です。このような **《状態を示す表現＋for＋期間を示す名詞（句）》** を訳す場合には，for ～ の訳を「～の間」とせずに別の表現で置き換え，自然な日本語になるようにする工夫が必要です。

本問前半も「地球温暖化はとても長い間知られてきた」とはせずに，「地球温暖化が知られて随分と時間が経つ」「地球温暖化は随分昔から知られてきた」などとします。

2.《否定的な副詞（句・節）＋疑問文と同じ語順》の倒置形

英語では**否定的な副詞（句・節）**（never，little，at no time など）で始まると，後続の文は疑問文の形の，**倒置形**にする必要があります。そうすると口調がいいからだと思われますが，正確な理由は分かっていません。

例1 **Never *have I seen* such a beautiful lake.**
「そんな美しい湖を私はこれまで見たことがない」

例2 **Under no circumstances *must you accept* his offer.**
「どんな状況においても彼の申し出を受け入れてはいけないよ」

これと同様に，**《only＋副詞（句・節）》** も否定的な副詞の扱いを受け，同じような倒置構造になります。これは only が否定的な意味合いをもつからだと思われます。

例3 **Only recently *have I begun* to understand the situation.**
「最近になってようやくその状況が分かり始めた」

例4 **Only when I heard the story *did I realize* that I was mistaken.**
「その話を聞いたとき初めて自分の間違いに気がついた」

また **例3**, **例4** のような《only＋副詞（句・節）》は，**「～してようやく」「～して初めて」**とすると自然な日本語になることを覚えておいてください。

本問では only recently が否定的な副詞句です。倒置にしなければ its true dangers have only recently begun to be understood by the general public もしくは only recently を文末に置きます。

3. begin to *(V)* の to *(V)* は何用法？

begin to *(V)* の to *(V)* は，begin ～「～を始める」の目的語となる to 不定詞の**名詞的用法**です。start to *(V)*「～し始める」，want to *(V)*「～したい」などの to *(V)* も同じです。stop to *(V)* の場合は，自動詞 stop＋to 不定詞の**副詞的用法**で「～するために立ち止まる」という意味になります。面倒ですが，しっかり識別をしてください。

講義音声㉘

▶接続詞ほか

A and / but / or *B* の *A* と *B* は等しい形 ①

We (S) take (V) ⟨for granted⟩ (M) *satellites* [and] *trips* (*to the moon*) (O_1),
nuclear-powered submarines {that stay underwater ⟨for months⟩} (O_2), *aircrafts* {that travel faster than sound} (O_3),
factories (operated ⟨by machines {that run other machines}⟩) (O_4),
[***and***] (接) *computers* {that seem more intelligent ⟨than humans⟩} (O_5).

日本語訳例

人工衛星と月旅行，何ヶ月も水中にとどまる原子力潜水艦，超音速の飛行機※2，他の機械を操作する機械※3によって運営されている工場，そして人間より賢いとも思えるコンピュータといった存在を，私たちは当然のように思っている※1。

※1　take ～ for grantedは厳密には「～の存在を当然と思う」という意味ですが，「存在」を訳さずに「～を当然と思う」でも可です。また「私たち」を文頭に置くと，「～と思う」と離れすぎるので避けてください。

※2　aircrafts that travel faster than soundは「音より速く移動する飛行機」でも可です。

※3　machines that run other machinesを「機械が他の機械を操作する」と訳すのは関係代名詞節を理解していることが示せません。

英文分析

1. take *A* for granted「A（の存在）を当然のように思う」とは？

take *A* for *B* で「A を B と思う」の意味です。また **grant ～** は **「～を認める」** の意味なので，take *A* for granted を直訳すると「A を認められているものと思う」となります。そこから「A（の存在）を当然のように思う」のような訳ができます。なお granted の前に being を補って考えれば分かりやすいと思います。本問では for granted が前にきていることに注意してください。

2. andの前後は同じ形・働きのものが置かれる

and や **but** や **or** を見たら，まずその後ろを確認し，それと同種のものを前方に探します。まずは，コンマによる区切りを頼りにそれぞれのパーツに分けて考えていきましょう。

(1) **satellites and trips to the moon** 「(人工) 衛星と月旅行」

共に宇宙関連の単語ですから，これで一つのかたまりと見るのがよいでしょう。

(2) **nuclear-powered submarines** that stay underwater for months

「何ヶ月も水中にとどまる原子力潜水艦」

that の後には stay の主語がありませんから，この that は**関係代名詞**ですね。

なお, months は「何ヶ月も」の意味です。*hours* of studying なら「*何時間*もの勉強」です。宇宙から海の中へと視点が移りました。

(3) **aircrafts** that travel faster than sound 「音より速く移動する飛行機」

that の後には travel の主語がありませんから, この that も**関係代名詞**です。travel は「旅行する」と覚えている人が多いですが, このような単に**「移動する」**という意味でも使いますので覚えておいてください。視点は空へと移動です。

(4) **factories** *operated* by machines that run other machines

「他の機械を動かす機械によって運営されている工場」

ここまでの文がすべて現在時制ですから operated を過去形にとるのはおかしいですね。おまけに by ～ もありますから，この operated は受け身の意味を表す**過去分詞形**（過去分詞の形容詞的用法）だと分かります。that の後には主語がありませんから，この that も**関係代名詞**だと分かります。なお, run は他動詞で「～を走らせる」→**「～を動かす」**という意味でも使うことができます。視点は地上へと移動ですね。

(5) **computers** that seem more intelligent than humans

「人間より賢いように思えるコンピュータ」

この that も，後ろに主語がありませんから，やはり**関係代名詞**です。

結局，computers の前の and は (1) から (5) の名詞節をつないでいます。三つ以上のものを and で並列するときには，***A*, *B*, and *C*** という具合に，最後のものの直前だけに and を置くのが普通です。本問でも (5) の直前のみに and が置かれています。

▶接続詞ほか

A and / but / or BのAとBは等しい形 ②

"Developing countries" is a term (used 〈to describe the countries (of the world) {which are not rich} ***and*** {which are (in the process (of [*improving agriculture*], [*building more factories*], ***and*** [*making better roads*]))}〉).

S: "Developing countries"　V: is　C: a term　接: and

日本語訳例

「発展途上国」[※1]とは世界の中で[※3]，経済的に豊かではなく，農業を改善したり[※4]工場の数を増やしたり[※5]，よりよい道路を造っている[※6]過程にある国々[※3]について述べるために使われる言葉[※2]である。

※1　"Developing countries"の訳は，"　"に対応するものとして「　」を使ってください。

※2　a term used to describe ... の訳に「……を説明するための言葉」などは不適切です。

※3　the countries of the world which ... を「……な世界の中の国々」とすると，「……」が「世界」を修飾しているようにとられかねません。「世界の中で……な国々」とします。whichを代名詞に置き換えればthey（＝the countries）だと考えて意味をとります。

※4　improving agricultureの訳に「農業を向上させ」も可です。

※5　building more factoriesの訳に「より多くの工場を建て」も可です。

※6　making better roadsの訳に「道路整備をし」も可です。

英文分析

andが複数あって複雑そうに見える文も，andのつなぐものを確認していけば，意外と簡単だと分かります。

1. usedには三つの用法がある

"Developing countries" S is V a term C で一つの完全な文です。ですから後続の used ... は**形容詞**か**過去分詞形**とみるのが妥当です。

(1) *be* used to *(V)*「〜するために使われる」: used は過去分詞

例1 **This oven is used to bake bread.**
「このかまどはパンを焼くのに使われている」

(2) *be* used to *(V)ing*「〜するのに慣れている」: used は形容詞

例2 **Nancy is used to baking bread.**
「ナンシーはパンを焼くのに慣れている」

(3) used to *(V)*「かつて〜した」: used to で助動詞

例3 **I used to bake bread, but now I do not.**
「私はかつてパンを焼いていたが，今ではやっていない」

本問では受動態ではありませんが，used の働きは (1) と同種です。**過去分詞**として直前の a term を修飾しています。

2. andの前にコンマがあれば複数並列の可能性

最初の and が which are not rich と which are in ... をつなぐというのは簡単ですね。

後ろの and がつなぐものは分かりましたか？　英語では**三つ以上**のものを並べる場合，**最後の要素の直前**にだけ and をつけます。

例 **Yesterday I met Paul, John, and George.**
「昨日私は，ポールとジョンとジョージに会った」

本問ではこのことに注意し，また and の後の *(V)ing* の形に注目して，つないでいるものを探します。すると，improving agriculture と building more factories と making better roads が and でつながれていると分かります。英文が次のように見えていれば OK です。

which are in the process of | improving agriculture,
building more factories,
[and]
making better roads

なお，関係代名詞の先行詞は直前の名詞だとは限りません。本問では，are で受けているので主語は複数形のはずですから，the countries が先行詞だと分かるでしょう。

▶接続詞ほか
A and / but / or *B*の*A*と*B*は等しい形 ③

A stable society requires a set of laws {that apply equally ⟨to both *the rich* **and** *the poor*⟩}, a respect (for the rights (of citizens (of all *religions* **and** *ethnic origins*))), **and** a strong desire (to provide ⟨for the common welfare⟩).

(A stable society = S, requires = V, a set of laws = O_1, that = S', apply = V', equally = M'_1, ⟨to both the rich and the poor⟩ = M'_2, and = 接, a respect … = O_2, and = 接, and = 接, a strong desire … = O_3)

日本語訳例

安定した社会に必要なのは[※1]，富める者にも貧しい者にも[※3・※4]等しく適用される一連の[※2]法律と，さまざまな宗教をもつ市民や，さまざまな民族に起源をもつ市民の[※6]権利を尊重すること[※5]と，公共の福祉[※8]を実現可能にするという強い願い[※7]である[※1]。

※1　*S* requires ～ の訳は,「Sには～が必要だ［欠かせない］」「～をSは必要とする」でも可です。

※2　a set of ～「一連の～」をset ～ up「～を設立する」と読み間違えてはいけません。

※3　thatで始まるこの関係代名詞節はpoorで終わりますが，それを文の最後までだと判断して,「Sには……な一連の法律が必要となる」とするのは間違いです。

※4　both the rich and the poorの訳は「富裕層と貧困層の両方」「裕福な人と貧乏な人の両方」などでも可です。

※5　a respect for ～ の訳として「～を尊敬すること」は不適切です。

※6　citizens of all religions and ethnic originsの訳は「すべての宗教や民族を起源［ルーツ］にもつ市民」としても構いませんが，日本語がやや不自然です。訳例は，自然な訳となるように丁寧に訳しています。

※7　a strong desire to provide for ... の訳は「……を実現可能にする強い願望」でも可ですが,「……を実現可能にしようとする強い願望」などと日本語を補うと自然な訳になります。

※8　the common welfareの訳として「共通の福祉」「あたりまえの福祉」「普及した福祉」は不自然です。

英文分析

1. a set of ～「一連の～」の訳の確認

A of *B* の訳は普通「B の A」ですが，*A* から訳すものもあります。

(1) 数量を示す表現

(a) a lot of ～「(数・量が) 多くの～」，a number of ～「いくつもの～」，a large amount of ～「(量が) 多くの～」，a great deal of ～「(量が) 多くの～」

(b) dozens of ～「何十もの～」，hundreds of ～「何百もの～」，thousands of ～「何千もの～」，millions of ～「何百万もの～」，billions of ～「何十億もの～」

(c) a piece of ～「一つの～」，a loaf of ～「一斤の～」，an item of ～「一つの～」

(2) 一続きのもの，ひとまとまりの表現

a set of ～「一連の～，一群の～」，a series of ～，a sequence of ～「一連の～」

(3) 種類の表現

a kind [sort] of ～「一種の～」，many kinds [sorts] of ～「多くの種類の～」

2. andの前後は同じ形・働きのものが置かれる

本問では a respect for ... と a strong desire to ... の扱いがポイントとなります。もし apply to ～ の，～に置かれるものと考えると「…の尊重や…しようとする強い願望に適用される一連の法律」となりますが，これでは意味をなしません。よって，a set of laws と並列されているとみなし，下のように考えます。

A stable society requires
- a set of laws that ...,
- a respect for ...,
- and
- a strong desire to ....

このように，三つ以上のものを and でつなぐ場合は *A*, *B* (,) and *C* というように，並列される**最後の要素の前にだけ and** をつけるのが普通です。

3. apply (to ～)「(～に) 当てはまる」について

「アップリケ」を知っていますか？　服などに付ける布製の装飾を指しますが，これは apply の原義「貼り付ける」からきています。apply は「(包帯) を巻く」「(ローション) を塗る」のように使われますが，apply *A* to *B* は「A を B に当てはめる」となるのが一般的です。さらに **apply *oneself* to ～**「自らを～に当てはめる」→**「～に当てはまる」**から ***oneself* が脱落**したのが本問の apply to です。

▶接続詞ほか

A and / but / or *B*の*A*と*B*は等しい形 ④

Gelato(S) differs(V) 〈from ice cream〉(M_1) 〈in these important ways〉(M_2):
M_3→〈because(接) it(S'1) contains(V'1) *less cream*(O'1-1) **and**(接) *more milk*(O'1-2)
〈than ice cream〉(M'1)〉, it(S_1) is(V_1) lower(C_1) 〈in fat〉(M_1), ***but***(接) M_4→〈because it(S'2) is churned(V'2)
more slowly〉(M'2), it(S_2) *contains*(V_{2-1}) *less air*(O_{2-1}) **and**(接) *has*(V_{2-2}) *a richer flavor*(O_{2-2}).

日本語訳例

ジェラートはアイスクリームと，次の重要な点で異なる。[※1] ジェラートはアイスクリームよりクリームが少なくミルクが多いため[※2] 低脂肪だが，[※3] ジェラートは（アイスクリームより）ゆっくり攪拌(かくはん)される[※4] ため，[※2] 空気の含有量がより少なく[※5] 風味がより豊かである，[※6] ということだ。

※1　in these important waysの訳として「この［これらの］重要な点で」は避け，「以下の［次の］重要な点で」としてください。また，この部分を無視して「ジェラートはアイスクリームと…という点で異なる」というのも認められません。

※2　because *S' V'*, *S V*は「S' V'なのでS V」と訳します。「なぜならS' V'」は認められません。

※3　lower in fatは「脂肪分においてより低い」が直訳ですが，日本語では「脂質の量が少ない」「脂肪が少ない」などでも可です。「肥満になりにくい」などは，fatを形容詞の「肥えた」と間違えてとらえてしまっています。

※4　it is churnedの訳は「かき混ぜられる」でも可です。

※5　contains less airは「空気がより少なく」などでも可です。

※6　has a richer flavorの訳は「より濃厚な味わいである」でも可です。

英文分析

1. *A* differ from *B* in ～ wayについて

このin～は「AとBがどのような点で異なるのか」を示しています。このinは普通，**「基準を示すin」**と呼ばれ，「～においては」と訳します。differと共に用いられた場合，**way**は「方法」ではなく**「点」**と訳します。

2. コロン（:）の働きについて

ピリオドを縦に二つ並べた記号（:）を**コロン**といいます。コロンの働きは，次の通りです。

(1) 時間や対比を表す

例1 **3:50** 「3時50分」　例2 **5:2** 「5対2」

(2) 説明句［文］や引用句［文］の前につける

例3 **Great historians and great scientists are alike: they both try their best to look at things objectively.** 「偉大な歴史家と偉大な科学者は似ている。どちらも物事を客観的に見ようと努める」

本問ではin these important waysを説明した文が直後に置かれることを示唆しています。コロンの訳は特に必要ありませんが，「つまり」と訳すのも可です。

3. and / butの前後は同じ形・働きのものが置かれる

最初のandは以下のような接続です。

	less cream	
it contains	and	than ice cream
	more milk	

このandは名詞と名詞をつないでおり，it containsとthan ice creamが共通要素です。二つ目のandは以下のような接続です。

	contains less air	
it	and	(than ice cream)
	has a richer flavor	

このandは動詞句と動詞句をつないでおり，itが共通要素です。than ice creamは自明なので省かれています。

butもandと同様に**「何と何をつないでいるのかな？」**と考えます。butの後ろにはbecause *S' V', S V*という一つの文が置かれています。よって，butの前にも一つの文が置かれていると考えるのが適切です。結局，because it contains ... in fatとbecause it is ... a richer flavorをつないでいることが分かります。

▶接続詞ほか

A and / but / or BのAとBは等しい形 ⑤

The purpose (of autobiographers) should not be [to inform us of all {that they have done}] **but** [to show us [*who they are*] ***and*** [*how their outlooks have been formed*]].

S 助 M V C_1→ O' S' 助' V' 接 C_2

日本語訳例

自伝の執筆者の目的は，自分がやってきたことのすべてを読者に伝えることではなく，自分がどのような人間か[※2]また自分のものの見方[※3]はどのように形成されたのかを示すことであるべきだ[※1]。

※1　should not be to (V_1) but to (V_2) は，should be not to (V_1) but to (V_2) と同じなので，「V_1することではなくV_2することであるべきだ」と訳します。文末が「V_2すべきだ」で終わるのは間違いです。

※2　who they areの訳は「彼らは誰なのか」「彼らは誰か」でも可です。

※3　outlooksの訳は「見解」でも可です。

英文分析

1. not *A* but *B*の*A*と*B*は同じ形・働き

典型的な例は以下のものです。

例 **I love *not* her *but* you.**　「私が愛しているのは彼女ではなくて君だよ」

この時，not は，her と you の**対比を明らかにするため**に，本来の位置（I do not love her）から her の直前に移動しています。

本問では，should be **not** to (V_1) **but** to (V_2) の形から，not が本来置かれる位置に移動して *S* should **not** be to (V_1) **but** to (V_2) となりました。

2.《名詞＋that》の後ろに「名詞の欠落」があれば関係代名詞

all の後ろの that they have done には do ～「～する」の**目的語が欠落**しています。この that は**関係代名詞**で，直前の名詞 all の説明文を形成しています。

to inform ... done は「私たちに彼らが行ったことすべてを伝えること」の意味であり，筆者はそれを否定しています。よって「自分の過去について逐一書くのが自伝作家の目的ではない」というのが筆者の主張です。but 以降に「自伝作家の本来の目的」が書かれていることを予想してください。

3. andの前後は同じ形・働きのものが置かれる

本問の and がつないでいるものは，who they are と how their outlooks have been formed です。共に show の目的語になっています。show は，tell や give と同じく show *A* ～「A に～を示す」で目的語を二つとる動詞です。

show us ｜ who they are
and
how their outlooks have been formed

4. howの使い方

how は副詞であり，使い方には以下の 3 種類があります。

(1) 方法を示す：単独で用いる

例1 ***How*** **do I turn off this camera?**

「どうやってこのカメラの電源を切るのですか」

(2) 程度を示す：《how＋形容詞／副詞》で用いる

例2 ***How many birds*** **are there in the nest?**

「何羽の鳥がその巣の中にいますか」

(3) 感嘆詞を示す：《how＋形容詞／副詞》で用いる

例3 ***How beautiful*** **these flowers are!**

「この花々はなんて美しいんだ！」

(2) と **(3)** は，**Tell me how beautiful these flowers are.** のように文中に入った場合には“？”や“！”がなく，形による区別はできませんから，意味から区別してください。本問では how は**単独で使われています**から **(1)** の how だと判断できます。

▶接続詞ほか

A, and *B*, ～ の"～"は 共通の要素

Even 〈in 2021, 100 years after the first [and] only tuberculosis vaccine was used〉, people still waited 〈for a better treatment〉 〈in Asian countries (like Indonesia)〉, [***and***] 〈in African countries (like Nigeria)〉, 〈***while they all suffered*** 〈***from a continuing pandemic***〉〉.

(Even: M_1 / in 2021 ... used: M_2 / people: S / still: M_3 / waited: V / for a better treatment: M_4 / in Asian countries (like Indonesia): M_5 / and: 接 / in African countries (like Nigeria): M_6 / while: M_7→ 接 / they: S' / all: 同格 / suffered: V' / from a continuing pandemic: M')

日本語訳例

最初で唯一の[※2]結核ワクチンが使われてから100年経った2021年でさえも[※1]，インドネシアなどのアジア諸国やナイジェリアなどのアフリカ諸国では，皆が長引く疫病の大流行に苦しむ中[※4・※5]，人々はまだよりよい治療法[※3]を待っていた。

※1　Evenは, 100 years ... usedにも影響します。evenをin 2021だけにかけて「2021年でさえ, 100年後に……」などと訳すのは間違いです。

※2　本問のonlyは形容詞なので「～だけ」ではなく「唯一の」と訳します。

※3　a better treatmentの訳を「よりよい扱い」「よりよい対処」「よりよい対応」などとするのは間違いです。

※4　while ... は，waitedを修飾する副詞節なので，andの前で訳を切ってはいけません。また，African countries ... pandemicを「……大流行で苦しんでいるナイジェリアのようなアフリカの国々」とするのは間違いです。

※5　suffered from a continuing pandemicの訳は「継続する（疫病の）大流行で苦しむ」でも可です。continuingの訳を「絶え間ない」としてもいいでしょう。

英文分析

1. 英語では後方に説明内容を予測する

例 **On a British map of the world, Japan is *out* <u>*on the edge*</u>.**

「イギリスの世界地図上では，日本は端に置かれている」

英語は**「まず大雑把(おおざっぱ)に述べてから精密に述べる」**のが基本です。上の例では，まず out「外に」と言って，もう一度それを「端に」と言い換えています。ただし，これを日本語で「端の外」とするのは間違いです。あえて言えば「外，つまり端に」ですが，これも不自然です。結局，out を無視することになります。類例に **look up at the sky**「(up) 上に」＋「(at the sky) 空を」→「空を見上げる」，**move out into the country**「(out) 外へ」＋「(into the country) 田舎へ」→「田舎へ引っ越す」などがあります。

本問では，まず Even in 2021 と言って，それを 100 years after the first and only tuberculosis vaccine was used で**具体化**しています。

2. ～ years after ... は「…の～年後」

～ years after ... は「…の～年後」という意味です。～ years が副詞として after ... を修飾していることに注意してください。after ... だけなら「…の後」の意味ですが，その直前の～ years が，「どれくらい後なのか」ということを示している形です。～ years に前置詞はついていませんが，これで**副詞句**の役割を果たしています。

例 **Two years after World War II broke out, my great-grandmother was born.**

「曾祖母は第二次世界大戦が勃発した 2 年後に生まれた」

～ years before ...「…の～年前」も併せて覚えておいてください。

3. *A*, and *B*, ～ は，コンマが and のつなぐものを明示

これは大切ですから何度も演習してください。慣れてくれば「パッと」分かるようになりますが，その域に達するには訓練が必要です。

本問の 2 番目の and の後ろには in African countries like Nigeria という副詞句がきていますから，この and は**副詞句と副詞句**をつないでいる，と考えるのが妥当です。and の前には in Asian countries like Indonesia があり，この二つが and で結ばれていると分かります。and がつなぐものが，これら二つの副詞句であることを明示するために，それぞれの副詞句の後に**コンマ**が打たれています。

A, and *B*, ～ の "～" に当たる while they all suffered from a continuing pandemic の部分は，*A* と *B* の共通要素として waited を修飾しています。

	in Asian countries like ...,	
waited for a better treatment	and	while ...
	in African countries like ...,	

▶接続詞ほか

A, or B, 〜 の"〜"は共通の要素

講義音声29 66 / 99

〈Of all the breakthroughs (in medical science)〉, ***none has*** changed the course (of modern medicine) more, **or** resulted 〈in the saving (of more lives)〉, 〈***than the discovery (of penicillin)***〉.

(M: Of all the breakthroughs (in medical science) / S: none / 助: has / V_1: changed / O_1: the course (of modern medicine) / M_1: more / 接: or / V_2: resulted / M_2: in the saving (of more lives) / M: than the discovery (of penicillin))

日本語訳例

医学のすべての[※2] 飛躍的進歩[※3] の中で[※1]，ペニシリンの発見以上に，現代医学[※5] の進路[※4]をより大きく変え，多くの命[※7]を救う結果になった[※6]ものはない。

※1　Of 〜 の訳を「〜において」とするのは誤訳です。

※2　allの訳を抜かさないようにしてください。また「すべての医学の……」とすると「すべての」が「医学」を修飾しているように見えるので避けてください。

※3　breakthroughsの訳として「大発見」は可ですが，「突破口」は不自然です。

※4　the course of 〜 の訳として「〜の流れ」は可ですが，「〜の経過」「〜の推移」などは不自然です。

※5　modern medicineの訳に「近代医学」は避けてください。「現代の薬」は誤訳です。

※6　resulted in ... の訳は「結果として……になった」でも可です。

※7　この文のlivesの訳を「暮らし」とするのは誤りです。

英文分析

1. 文頭のOf 〜 はまず「〜の中で」と訳そう

例1 **Tom is the tallest *of all the boys in his class*.**

例2 ***Of all the boys in his class*, Tom is the tallest.**

「トムはクラスの男子の中で一番背が高い」

例1 を難しいと感じる人は少ないと思いますが，例2 のように of ～ が文頭に置かれると，少し難しく感じられるでしょう。実は 例1 の方が不自然な文なのです。なぜなら，例1 のように書くより Tom is the tallest boy in his class. の方が簡潔だからです。

よって of ～ のように母集団を示す場合には，例2 の方が普通の言い方なのです。一般に，文頭の **Of ～** は，**「～の中で・のうち」** と覚えておくと便利です。

例3 **Of all the movies that are showing now, none is better than *Roman Holiday*.**

「いま上映中の映画のうち，『ローマの休日』よりよいものはない」

この 例3 は None of all the ... is better than .... の of all the ... が文頭に置かれた形です。

本問は None of all the breakthroughs in medical science has changed ... と戻して考えれば分かりやすいでしょう。

2. *A*, or *B*, ～ は，コンマが or のつなぐものを明示

A, and *B*, ～ の応用形です。単純に and の代わりに or が使われていると考えれば OK です。*A* ～ or *B* ～ から最初の "～" が省略されて *A* or *B* ～ となり，**or が *A* と *B* をつないでおり，"～" が共通関係にあることを明示するために *A*, or *B*, ～** となりました。

本問では *A* に当たるのが changed the course of modern medicine more で，*B* に当たるのが resulted in the saving of more lives で，"～" に当たるのが than the discovery of penicillin です。次のように見えれば OK です。

none has	changed the course of modern medicine more, or resulted in the saving of more lives,	than the discovery of ...

訳出に際しては，Of ... science を訳した後に，まず than the discovery of ... を訳してください。

3.《否定語＋比較級＋than ～》の否定語は最後に訳す

例 **Nothing is more important than time.**

「時間より重要なものはない」

これは意外と難しい形です。主語が nothing「ゼロのもの」では後ろにつなげようがないので，最後にとっておいて「……なものは何もない」とします。

本問では of ～「～のうちで」という限定がつくため nothing ではなく none が使われています。**none of ～** は **「～のうちいずれも…ない」** です。

▶接続詞ほか

《A and副詞 B》の副詞の挿入 ①

Famous people {who appear frequently 〈in the media〉} tend to play the part {that is expected 〈of them〉} **and** 〈***with practice***〉 learn [to play it very well].

(Famous people = S, who = S', appear = V', frequently = M'_1, in the media = M'_2, tend to = 助扱い, play = V_1, the part = O_1, that = S', is expected = V', of them = M', and = 接, with practice = M_2, learn = V_2, to play it very well = O_2)

日本語訳例

メディアに頻繁に登場する(※1)ような有名人は，自分に期待される役割を演じ，何度も繰り返すことで(※3)，それをとても上手に演じられるようになる(※4)傾向にある(※2)。

※1　appearの訳は「出る」も可ですが，「現れる」はやや不自然です。

※2　tend to (V) の訳はしっかり出しましょう。訳の終わりが「演じられるようになる」では，tend toの訳が出ていません。

※3　この文でのwith practiceは，「テレビなどに出演したときに，期待されている役割を実際（何度も）演じることで」の意味です。「（家や楽屋などで）練習して」の意味ではありません。よって上［日本語訳例］では，「何度も繰り返すことで」としています。「実践によって」「何度も実践することによって」「何度も行うことで」は可ですが，「練習によって」は不適切です。また「実践で」では意味が変わってしまいます。

※4　learn to (V) は「～できるようになる」の意味です。「～を学ぶ」は避けてください。

英文分析

まずandまでを見てみると，中心の動詞はtend to playになりそうで，thatはisの前に主語（名詞）の欠落があるため関係代名詞と分かります。the partの説明をしています。

1. andの直後の副詞はいったん〈　〉でくくってしまおう

普通andやbutやorと見たら，まずその後ろを確認し，それと同種のものを前方に探す，というのが鉄則でした。ただしこの読み方には一つだけ**例外**があります。*A* and *B* に副詞（句・節）が挿入されて ***A* and〈副詞（句・節）〉*B*** となっている場合です。その場合は，いったんその副詞（句・節）を無視して後ろを見る必要があります。

副詞（句･節）の挿入は修飾関係を明確にするために行われます。つまり，**副詞（句･節）が *B* を修飾していることを明確にするため**の挿入です。

例1 **I stayed in bed with a cold on Saturday and *on Sunday* I felt better.**
「私は土曜日は風邪で寝ていたが，日曜には気分がよくなった」

例2 **I was in bed with a cold on Saturday and on Sunday.**
「私は土曜と日曜は風邪で寝ていた」

例1 の and は, I stayed ... on Saturday と, on Sunday I felt better とをつないでいます。on Sunday が and の直後にあるのは，I felt better を修飾していることを明確にするためです。

一方，例2 は，and は on Saturday と on Sunday をつないでいますね。ではもう一つ少し難しいものを見てみましょう。

例3 **Despite, and *in part* because of, changes in the welfare system, grave social problems soon began to surface.**
「福祉制度の変更にもかかわらず，またある程度はその変更のせいで，重大な社会問題がすぐに表面化し始めた」

この例では in part が because of を修飾することを明確にするために，because of ～ の直前に置かれているのです。and が結ぶのは despite と because of です。

本問では with practice という**副詞句が挿入**されており，learn ... 以下を修飾していることが分かれば OK です。もし with practice を文末に置くと，play ... と learn to play ... の両方を修飾している可能性が高くなってしまいます。

Famous people ... tend to | play the part that is expected of them
and
〈with practice〉 learn to play it very well.

2. 多義性に注意して訳そう

本問の practice は「(人知れず) 練習すること」の意味ではなく,「(理論ではなく) 現実に行うこと」の意味です。「practice ＝練習」といった一対一対応の暗記のやり方は危険です。どのような単語でも，その多義性を意識するようにしてください。

▶接続詞ほか

《A and 副詞 B》の副詞の挿入②

The Roman Empire (S) became (V_1), **and** (接) 〈***until the 5th century CE***〉 (M) remained (V_2), the dominant power (in the Western world) (C).

日本語訳例

ローマ帝国は，西欧世界[※5]の支配的な勢力[※4]となり，西暦5世紀まで[※1・※2]，その地位を維持した[※3]。

※1　andのつなぐものがbecameと（until the 5th century CE）remainedであることが分からずに，until the 5th century CEが二つの動詞両方を修飾すると考えて，「西暦5世紀まで……になりそれを保持した」などと訳したものは認められません。

※2　the 5th century CEは「西暦5世紀」「紀元後5世紀」の意味です。単に「5世紀」とすると「紀元前5世紀」の可能性もあるので避けます。なお西ローマ帝国の滅亡は紀元後の476年とされています。

※3　本問のremainedは補語をとっているので「～のままであった」という意味です。第1文型（SV）の訳である「残った」とするのは誤りです。

※4　the dominant powerの訳は「支配的な強国」「優勢な力」などでも可です。

※5　the Western worldの訳は「西側世界」「西洋世界」「欧米（の）世界」でも可です。「西の世界」という訳は避けてください。

英文分析

1. untilの用法

代表的なuntilの用法は次の二つが考えられます。

(1) 接続詞：例1 **I stayed home until he came back.**
「私は彼が帰ってくるまで家にいた」

(2) 前置詞：例2 **We have to wait until noon.**
「私たちは正午まで待たなければならない」

本問はどうでしょうか？　もし（1）の接続詞と考えると，until の後には文がきて，until the 5th century CE remained で副詞節をつくるはずですが，「西暦 5 世紀が残るまで」では意味が通りません。よって，until を接続詞と考えるのは無理があると分かります。以上から，この until は**前置詞**で，until the 5th century CE「西暦 5 世紀までずっと」の意味になります。この副詞句は後ろの remained を修飾しています。

2. and の直後の副詞はいったん〈　〉でくくってしまおう

***A*, and *B*, ～** の場合は，*A* と *B* の後に打たれた**コンマ**に注目すれば，並列されているものが *A* と *B* であることを比較的簡単に見つけることができます。

例 **Japan *is*, and *will be*, a major contributor to world peace.**

「日本は現在もまたこれからも，世界平和に貢献する主要な原動力であるだろう」

この例では is と will be の後のコンマに注目して，下のように見えていれば OK です。

	is,	
Japan	and	a major contributor to world peace.
	will be,	

Japan が共通の主語であり，a major ... が共通の補語になっています。

本問は *A*, and *B*, ～ の *B* の前に，副詞句 until the 5th century CE が挿入されています。確かにややこしいですが，例 と同様に，became と remained の後に打たれたコンマに注目すれば，下のように見えてくるはずです。

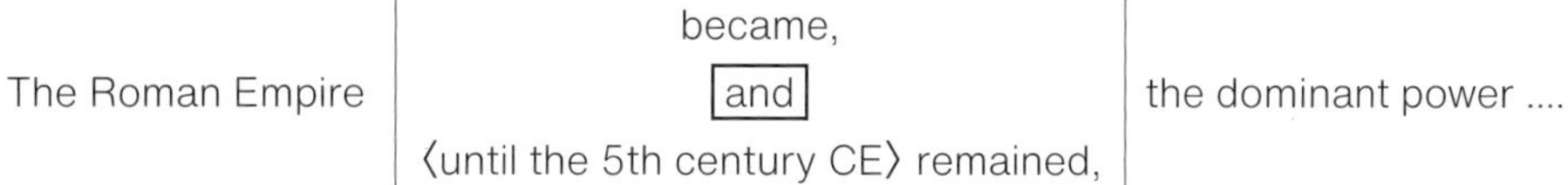

3. 世紀名には the がつく

英作文で世紀名を書かせる問題が出ることがありますが，出来はおおむねよくありません。century は「100 年間」の意味で，a 21st century は「21 番目の 100 年間」の意味になります。このままでは西暦と無関係な「21 番目の 100 年間」です。よって「誰もが知っている 21 番目の 100 年間」の意味にするためには，通例 **the** をつけて **the 21st century** と書くわけです。この場合の 21st は twenty-first の略なので -st となっていますが，5th は fifth の略なので -th となっています。

▶接続詞ほか

《*A* or 副詞 *B*》の副詞の挿入

The news (S) upset (V) me (O) so greatly (M_1) 〈that (M_2→接) I (S') do not remember (V')
[what I said then] (O'_1) **or** (接) ***even*** (M'_2) [if I said anything] (O'_2)〉.

日本語訳例

私はその知らせにとても気が動転していて※1，その時何を言ったのか※4覚えていないし※3，
また何か言ったのかどうかさえ覚えていない※2。

※1　The news upset me の直訳「その知らせが私を動揺させた」「その知らせが私の気持ち［心］を動転させた・乱した」なども可です。

※2　全体を「～を覚えていないほど……」というように，that 節から訳すのは避けてください。

※3　not *A* or *B* は「A も B も～ない」の意味なので，「A あるいは B」という訳は不適切です。

※4　what I said then の what を関係代名詞と考え「その時私が言ったこと」と訳すこともできます。

英文分析

本問の主語は The news，中心の動詞は upset です。that 節の役割は，直前が副詞 greatly なので関係代名詞ではなさそうです。that は何なのかを考えながら読んでいきましょう。

1. what を見たら「名詞の欠落」を探す

文中の what を見たらその後ろに**「名詞の欠落」**を探します。本問では，他動詞 said ～「～と言った」の目的語が存在しないので，そこに「名詞の欠落」があると分かります。つまり what は，それ自体で said の目的語であると同時に，what I said then 全体を名詞節にまとめる二つの役割を果たしているわけです。そして，その what 節は remember の目的語となっています。

whatが**疑問詞**なら**「私が何を言ったか」**で，**関係代名詞**なら**「私が言ったこと」**となります。「覚えていない」と書かれているので，「未知なもの」と考えて疑問詞と考えるのが適切です。

2. *A* or *B*のorの前後は同じ形・働き

接続詞のifには，二つの用法があります。

(1)「もし〜ならば」という副詞節を導く接続詞

例1 **If it rains, I will be home.**「もし雨なら家にいよう」

さらにevenを補って「たとえ〜でも」という意味になることもあります。

例2 **Even if my parents do not approve, I will study in the U.S.**
「たとえ両親が賛成しなくても私はアメリカに留学するつもりだ」

(2)「〜かどうかということ」という名詞節を導く接続詞

例3 **I do not know if Billy will come tomorrow.**
「ビリーが明日来るのかどうかは知りません」

さて，本問のifが**(1)(2)**のどちらなのかはorに注目すると分かります。orはandと同様に，同じ種類のものをつなぎます。**(1)**だとすると，orの前にも副詞節があるはずですが，本問にはありませんね。orの前にwhat I said thenという名詞節があるので，このorは**名詞節と名詞節**をつなぐ接続詞だと考えられます。ここから，orの後ろのif節は，**(2)**の名詞節「〜かどうかということ」だと分かります。

even ifという形から早合点して「たとえ〜でも」としてしまうと，orの前が名詞節なのに後ろは副詞節となり，これは成立しません。このevenは「〜さえ」という意味の，orの直後に挿入された副詞です。

remember ┃ what I said then
　　　　 ┃ [or]
　　　　 ┃ 〈even〉 if I said anything

3. soを見たらthatを探そう

さて，thatの後ろには「名詞の欠落」がなく，先行詞もないので，thatは関係代名詞ではありません。さらに，that節は前の動詞upsetの目的語でもありません。

このthat節は副詞のso「それほど」を受けて，その程度がどのようなものなのかということを表す働きをします。**so 〜 that *S V***で「S V くらいにとても〜だ」→**「とても〜なのでS Vだ」**という意味です。このthat節は副詞節をつくっています。

▶接続詞ほか

neither *A* nor *B* の *A* と *B* は等しい形

Unfortunately (M) the government (S) seems to (助扱い) have (助) tried (V) [to (O→) hide (V') ⟨from young people⟩ (M') the fact (O') [that (接; 同格) nuclear weapons (S") ***neither*** (M"₁) have (助"₁) promised (V"₁) **nor** (接) will (助"₂) promise (V"₂) people (O"₂₋₁) security (O"₂₋₂) (from an enemy's attack) (M"₂)]].

日本語訳例

残念ながら，核兵器がこれまで人々に敵の攻撃からの安全[※3]を約束してくれたことはなかったし，またこれからも約束することはないという事実を，政府[※1]は若者から隠そうとしてきたように思われる。[※2]

※1　the governmentは，「書き手と読み手の共通認識である政府（日本なら日本国政府）」という意味でtheがついています。日本語にする場合「政府」だけで十分です。

※2　seems to have tried to (V) の訳として「〜しようとしているように思われる」は，have tried の訳として不適切です。

※3　people security from an enemy's attack は「敵の攻撃から人々を守ること」と訳すこともできます。

英文分析

1. 修飾する・される要素は近い所に置く

修飾関係の明確化のため，副詞が動詞の前後に挿入されることがあります。本問では，hide ... the fact と動詞と目的語が離れていますが，動詞と前置詞をくっつけて hide from 〜 と早合点しないように気をつけてください（結局は名詞 the fact が宙ぶらりんになるので不成立だと分かります）。常に，**動詞の後の形を考えながら読む**ことを心がけましょう。本問は，本来なら hide the fact that ... from 〜 なのですが，that 以降が長いので from 〜 が先にきて hide 〈from 〜〉 the fact that ... となっているわけです。

2.《名詞＋that節 [完成した文]》は同格の関係

本問の that 以下は一つの完全な文になっていますから，この that は **《後続の文を一つの名詞節にまとめる特殊接続詞》** です。ということは，the fact の後ろに他の接続詞を挟まずに，別の名詞が続くことになります。これは **the fact** と **that *S V*** が **同格の関係** になっていることを示しています。この場合 **「S V という事実」** と訳します。

3. neither *A* nor *B* の *A* と *B* は同じ形・働き

neither *A* nor *B* は **「A でも B でもない」** という意味の熟語的表現です。この neither は副詞の一種だと考えておけばよいでしょう。nor は《not＋or》からできた接続詞なので，and や or や but と同様に「何と何を並列しているのか？」と考える必要があります。

本問では promise が《promise＋人＋〜》「人に〜を約束する」の他動詞であることを踏まえ，次の関係をつかんでください。

	have promised	
nuclear weapons neither	nor	people security from ...
	will promise	

have promised 〜 は「**現在に至るまで**〜を約束した」の意味で，will promise 〜 は「**未来において**〜を約束する」の意味なので，「**これまでも**〜を約束したことはないし，また**これからも**〜を約束することはない」と訳します。

4. 長い文を訳すときはＳＶを近くに置く

この文の訳を「政府は」から始めると，述部「隠そうとしてきたように思われる」と随分離れてしまい，ぎこちない訳になります。そんなときは，主語の「政府は」をできるだけ**述部に近いところ**に置くようにすれば改善できます。よって「……事実を，政府は若者から隠そうとしてきたように思われる」とします。

5. the は，話し [書き] 手と聞き [読み] 手の共通認識を示す

日本語で「政府は今日，閣議で…」とあれば，「日本政府」のことを指していると分かります。英語ではこのような場合 the をつけて the government とします。the が訳に出てこないことが多いことに注意してください。